图解 精益制造 029

现场管理

实務入門　新版　よくわかる生産管理のしくみ

[日] 加藤治彦 著　　郑新超 译

人民东方出版传媒
People's Oriental Publishing & Media
東方出版社
The Oriental Press

图书在版编目（CIP）数据

现场管理／（日）加藤治彦 著；郑新超 译．—北京：东方出版社，2015.10
（精益制造；29）
ISBN 978-7-5060-8666-0

Ⅰ．①现… Ⅱ．①加… ②郑… Ⅲ．①企业管理—生产管理 Ⅳ．①F273

中国版本图书馆 CIP 数据核字（2015）第 250632 号

精益制造 029：现场管理
（JINGYIZHIZAO 029：XIANCHANG GUANLI）

作　　者：［日］加藤治彦
译　　者：郑新超
责任编辑：崔雁行　高琛倩
出　　版：东方出版社
发　　行：人民东方出版传媒有限公司
地　　址：北京市西城区北三环中路 6 号
邮　　编：100120
印　　刷：北京文昌阁彩色印刷有限责任公司
版　　次：2015 年 11 月第 1 版
印　　次：2021 年 2 月第 4 次印刷
开　　本：880 毫米×1230 毫米　1/32
印　　张：8.75
字　　数：182 千字
书　　号：ISBN 978-7-5060-8666-0
定　　价：38.00 元
发行电话：（010）85924663　85924644　85924641

目录 CONTENTS

第 1 章　生产管理是经营的综合实力 / 027

第 2 章　标准化生产与生产计划的作用 / 055

第 3 章　实践性材料采购管理 / 151

第 4 章　维系改善的生产管理 / 189

序

本书是《生产管理的企划方案——实务入门系列》一书的修订版。在首次发行版中，没有阐释以往的生产管理，而是作为发挥“企业综合实力”的框架指出了生产管理的方向性。所谓“企业综合实力”，就是指企业的市场竞争力，也就是作为能够不失时机地针对顾客们的要求发挥能动作用的生产管理能力。

首次发行版中所说的生产管理犹如万金油，它无所不能。不但在处理与销售有关的事务中运用自如，而且还可以在新产品的开发设计中发挥威力。因此它担当着制造业运营的主角。即使在当今社会，人们对生产管理的期待和瞩望也并没有改变。然而，时代日新月异，仅仅停留于被动地接受顾客要求的应对方法越来越不能满足时代发展需求，因此无法取得良好的营销业绩。日本企业的优势就在于它将魅力四射的新产品尽早地投入市场，并在技术等方面确保它享有的专利，从而保持它的优越性。然而就连这种经营模式也未必一定能够获得成功。这种事例在手机以及超薄电视机等高科技产品市场中和浴血奋战的企业中屡见不鲜。但是仅仅在技术层面上分出高下是不够的。实际上，国外的各个生产厂家都争相将各自的产品生产出来，以低价格投入市场，占领更多的市场份额。因为只有依靠在低成本的国家进行商品生产和资源配置，并在此基础上迅速地投资生产设备进行批量生产这种灵活的业务调控模式，才能在市场竞争中立于不败之地。因此价格决策战略也生机勃勃地展开了。如今，如果不充分考虑商业模式，即使全部致力于技术开发和改善生产车间状况上，也无法提高企业的综合市场竞争力。可以说今后企业之间的竞争将是企业战略等方面的竞争。

本书的首次发行版，向我们介绍了以生产管理变革为宗旨，以与产品开发计划和销售相关的一系列经营为指向的生产管理模式。同时着眼于实现削减仓库积压和缩短从订货到交货的时间的目标。然而，现在看来这种措施的不足之处正逐渐凸显。

那么，怎样才能拥有成功的企业战略呢？为了满足企业这种出发点的要求，为其答疑解惑，生产管理的修订版便应运而生了。在此，决定企业战略成败关键的是更加广义上的生产管理。生产管理必不可少的作用在于通过协调销售、开发、生产等各个工序之间的相互关系，谋求企业综合竞争力的提高。

这样一来，对生产管理的发展目标和期望就会越来越高了。在此，仅献此书与大家共享，相信这种以企业战略为宗旨的生产管理模式能够在竞争实战中彰显它的独特魅力。

加藤治彦

序　章

生产管理所处的现状如何

生产管理备受关注
生产管理的现状如何
构筑新的生产管理模式
理解企业环境
日本的现状也尤为重要
生产管理是制造业复活的关键
从保守型生产管理走向主攻型生产管理
生产管理业务革新的实现

01　生产管理备受关注

当今时代瞬息万变，时代大潮激流勇进。于是生产管理作为应对时代变幻所不可缺少的要素越来越受到人们的关注。

生产管理真的有这么重要吗

“生产管理真的太重要了。”这句话几乎成了企业业内人士的口头禅。对于由销售计划向生产计划转移的业务或根据生产计划进行材料采购等业务来说，的确应该追求其业务的简约化、便捷化。于是信息系统的灵活性运用也变得重要。

因此，很多人认为以信息系统化取代生产管理才是时代的大势所趋。难道生产管理真的只能对如上所说的这些具体业务才能发挥作用吗？并非如此。

需求与供给不平衡

想卖的时候没货，卖不出去的时候货物却绰绰有余，这是困扰许多企业的问题。可是“恰好按照市场的要求生产”是很难实现的。有时候，货物的需求量会一下子飞涨起来。而另一方面，这些飞涨的需求能够就这样一直维持下去的却寥寥无几。这其中既有其他公司参与竞争的原因，也有技术进步致使产品款式更新换代的因素。这就要求企业能够灵活应对市场变化，调整供给能力，可这并不是可以轻易解决的问题。因为企业往往既没有充足的富余资金来挖掘生产能力的潜力，也不得不通过洽谈来确保材料采购成本的低廉，甚至有时还因为材料的绝对数量不足发生采购困难的情况。

面对需求量的大幅度波动和成本价的不断回落，生产体制难以灵活应对。因此供求不平衡越来越频繁起来。

生产管理是关键

要想应对严峻的市场变动，企业不得不发挥全体成员的力量。无论是销售、生产，或是研发，都需要各个部门团结一致共同努力来推进业务的顺利进行。这样才是名副其实的生产管理。因此，要想把市场所需求的商品不失时机地投入市场，企业的宏观调控和综合统筹能力就变得比以往更加重要。

生产管理至关重要

可是，实际上目前企业所采用的生产管理却与此相差甚远。因为它只是局限于信息传递等部门。虽然备受关注和期待，然而很多企业却没有足够的权限和责任。总之，人们所期待的形象和它的真实面貌大相径庭，所以说，“真正的生产管理”愈发至关重要。

02　生产管理的现状如何

理应是人们所期待的生产管理部门，可在现实中却暗淡无光、毫无朝气。这是怎么回事呢?

生产管理的现状是这样的

只要商品生产出来就能卖出去的时代已经一去不复返了。如今，商品能否及时投放市场已成为决定其成败的关键。为此，制造企业正竭尽全力。

所谓“生产管理”，就是能够以最恰当的时机应对市场变化的能力。

但实际上，在大多数企业中理应发挥这种应对能力的生产管理部门负责人都是非常苦恼的。

警示！

- 计划变更太多，忙于应对无暇顾及其他。
- 无法应对多品种小数量的生产。
- 无法应对较短的交货期。
- 夹在营销与生产之间，整天忙于处理协调工作。
- 与开发之间的协作性差，新产品的开发无法顺利进行。
- 总是被计算机的信息系统所捉弄。
- 被流水线作业追赶，加班和假期上班的情况很多。
- 全都是被动的工作，员工只不过是信息传递工具。
- 被周围的人说成是无法改善的部门。

他们既没有实权，责任范围也很模糊。生产滞后等问题一旦出现肯定是生产管理部门首当其冲。“这种工作谁能干得了”这种牢骚声也就可以理解了。

确实没有比生产管理更难以理解的了。

也没有比生产管理更因人不同而印象各异的了。

于是，在很多企业中都无法充分发挥它的作用。

因此，我们有必要再一次思考生产管理如今应当扮演的角色和应该发挥的作用。这正是今后应该学习的内容。所以，大家打起精神来吧！

03　构筑新的生产管理模式

在传统管理模式的延续中无法看到生产管理应该具有的风姿。时代的变迁要求使基于新理念和新观点下的生产管理应运而生。

生产管理不是特殊的业务

有的人想从技术层面上来解决生产管理存在的问题。这种观点是错误的。现在最大的问题在于需要从根本上改正以往处理问题的方法。

关键在于常识问题。也就是说，在技术面前重要的是正确认识别人提出的要求内容。

所以，对于那些一直待在工厂里而不了解市场真实变化的生产管理负责人来说，处分是非常严厉的。因为如果不从生产管理应有的模式来思考的话，想要大刀阔斧地改善业务这本身就是大错特错了。

生产管理的目的是盈利

让我们改变对待业务的态度吧。具体如下：

首先，一如既往地熟练掌握日常工作程序，并把其中存在的问题各个击破。不但如此，更重要的是要时刻想着自己所做的业务是否与整个公司的盈利相关，怀着一种重新审视当前业务的心情去工作。

在这种意义层面上来说，我们必然认为调整业务等是提高商品成本的代表。我们必须制订一个计划来消除这种顾虑。

必须敢于否定现状

这句话 10 年之前就广为流传，但至今能够真正做到的制造企业还是不多见的。现在，我们把市场当作主语再次重新审视这个问题。如果站在销售第一线实际操作，自己购买这一商品的话会怎样呢？以这种态度时刻想着生产管理的应有模式吧。这样，市场便会从以国内为中心逐渐向全世界扩展开来。

企业改革从生产管理业务的结构变革开始

生产管理在作为联系市场和企业的纽带中发挥着越来越重要的作用。于是，生产管理新框架的构筑成为企业革新的同义词。在此想要确认的是，“生产管理并不是企业活动的幕后服务人员”，它其实担当着企业活动的主要角色。总之，在当今时代，与生产管理相关的业务如何迅速而又准确地开展越来越举足轻重，因此生产管理作为时代步伐的代名词，其作用备受世人瞩目。

04 理解企业环境

如果不能正确理解我们周围的环境变化，新型生产管理模式的构筑也就没有希望了。

最近许多地方都提到了时代变化的主题。那么我们就尝试着从新型生产管理模式的构筑这一观点出发来重新归纳。

技术的进步

比如，家电业数字化时代的出现使模拟计算机时代的技术调整退出历史舞台。

一方面，融入了最新技术成分的恰当的设备投资成为决一胜负的关键。技术进步使决定竞争胜负的招数与以往发生了很大的变化。结果，生产管理的重心也随之发生了变化。

电子信息化的发展，使每代人使用的设备各不相同。因此，每个时代都需要计算设备投资，却无法预测由此而带来的风险。于是诞生了 EMS（Electronics Manufacturing Service）等制造公司，采用外部零件采购（全面委托企业外的专门人员进行信息通信系统的设计和应用）的模式。因此建立怎样的商业模式就成为非常重要的关键所在。

而另一方面，由于企业争相采用新技术，因此同行业相互竞争的差距也很难拉开。就技术层面来说，即使是划时代的新产品，只要对它的实物进行研究，在短时间内生产出一模一样的产品也是完全有可能的。在市场上已经确立了其优势地位的产品也要面临其仿造品的挑战。甚至已经荣获专利的产品其有效性也会渐渐丧失。

全球化

如今，对制造业来说利用国外廉价的雇佣劳动力进行跨国生产已经成为常识。如果由于大量外国企业的挤入致使该国的廉价劳动力难以确保，生产便会向可能性更高的地区转移。生产环境就这样持续变化着。

同时，生产基地接着向消费基地转化。通过生产获得的工资将向消费领域转移。人们的消费观面向全球化也极其重要。此时出现的消费倾向既有与发达国家过去的模式相同的地方，也有不同的地方。谁先认识到这一点，谁就掌握了通往成功之门的金钥匙。

此外，全球化要求我们从国内环境的狭窄圈子中走出来，置身于世界领域，从更广阔空间来考虑生产管理。

高速化

信息技术的进步使产业以前所未有的高速度不断向前发展。而且，今后时代的变化速度将是以往时代变化的 7 倍。这就要求企业具有应对变化的能力。

05　日本的现状也尤为重要

在世界范围内开展商务，必须认识到日本本身所具有的特殊性。

社会普遍存在的问题也会对制造业带来巨大影响。今后考虑生产管理时也需要把它当作不可忽视的课题来准确把握。

引进人才的问题

据说在今后20年间人口出生率将减少14%。尤其是20~34岁之间这些生产人口的主力军预计将减少30%。因为人们的价值观发生了变化。同时，生活优先的方式取代了事业优先的方式而成为生活方式的主流，并在社会中扎下了根。此外，劳动力与制造业相脱离也成为棘手的难题。

在这种环境背景下，如何确保人才成为一大课题。这无论对生产管理还是生产管理的领导部门都是不可回避的课题。

所以，怎样保持企业独有的魅力来引进优秀人才是更加重要的。

人才的流动化

像过去那样在一家公司工作到退休为止的生活规划已不复存在了。工作调动已成为习以为常的事了。比如，日本版《401K》所刊载的企业年金制度。它的一大特色就是即使是工作调动也不会对退休有不利影响。这是人才流动化的时代，能不能有效地利用好这些流动的人才就成为重大课题。

同时，人才的流动产生了降低生产力的危机。已经出现的严重灾难使人们预感到这一危机将会进一步扩大。因此，要在人才流动化的时代立于不败之地，关键在于制订有效性人才的培养计划。

了解高薪

日本的月工资可以称得上是位居世界之首。假设日本的月薪是 100 元，那么欧洲各大发达国家就是 60~80 元，韩国和中国台湾就到了50元以下，而发展中国家只有2~3元。这就意味着要是按照相同规格进行生产的话，其他国家将没有丝毫竞争能力。因此大家都竞相改善生产环境，昔日的世界工厂如顷刻间被置于你追我赶的境地。

经济方面的问题

这是以世界60多个国家为对象作出的评价。其中，日本存在的问题是显而易见的。即有些项目处于世界的最低或非常低的位置。或许是出于创业家的气魄，或许是出于国际视角，他们一味地我行我素、独来独往。然而，这对于那些不精通国际贸易的日本国民来说，要想跟上千变万化的时代步伐却不是轻而易举的。

06　生产管理是制造业复活的关键

存在诸多问题的日本制造业要想复活，就必须在以往的改革措施的基础上以生产管理为战略武器来开展活动。

要想在日趋严峻的业务环境中突破重围，就需要加强在其他领域的竞争力，这就是生产管理。

对商业模式的思考

我们已经对面临的课题有所了解了，下面就该考虑该做些什么。也就是说，描绘该商业发展成功之路的时候到了。那么，该怎样构划市场与 WIN-WIN 之间的关系呢？

如果墨守成规，是很难描绘出绚丽多彩的未来图景的。必须在融合其精华的基础上，加工创作出胜过它的蓝图才行。在规划之际，强化生产管理是非常有效的。以往的企业战略仅仅是在分工化的组织之下展开。销售是销售，开发是开发，制造是制造。而通过生产管理可以让这些四分五裂的战略互相协调，融为一体。

通过生产管理才能发挥企业的综合实力。它有构筑成功商业模式的力量，是挽救制造业、使其复活的关键。

从“低风险低收益”到“高风险高收益”

风险和收益对制造业来说是至关重要的。这两者是互相平衡的。简单地说，存取现金就属于低风险低收益，而股票投资就属于高风险高收益。

制造业本来是属于低风险低收益的。因为只要有技术优势就可以保证一定时间内某种程度上的利益。而且，它运行的核心是具有流动性和灵活性的装配工人。然而，这一切都发生了变化。

以技术进步和经济全球化为代表的经济环境的变化，使需求急速扩大。同时，供应体系几乎都发展成为高风险设备投资生产，前所未有的高风险高收益型产业模式纷纷建立起来。转眼间，那些昔日的强势企业因为没有审时度势而败下阵来，投资滞后的也败下阵来。接下来的公司如果不建立新型商业模式，风险就会更高了。

生产管理的作用

生产管理是联系市场和企业的纽带。它的成员能够站在生产第一线，投身于实践的最前沿。无论是在生产计划方面还是在材料采购方面，如果能适时积极地摸索出顺应时代发展的生产模式的话，则生产管理本身就有做出战略性预见的能力。能够迅速地把工厂的提案投入运营并且灵活调度的企业，才能在愈演愈烈的经济争夺战中成为当今时代的优胜者。

07 从保守型生产管理走向主攻型生产管理

车间主任管理车间的生产管理模式已经逐渐成为过去。现在正在创建的是能够充分发挥生产力、与市场接轨的新型生产管理。

可能有人会有疑问，生产管理真的这么重要吗？比如：

生产管理过时了吧。

生产管理归根到底没用。

歪理一大堆却什么也做不了。

只不过是销售和制造的接口。

只要有零部件就能进行生产。

……

但是，正因为如此我们才想称之为生产管理。

这并不是说不需要生产管理了。而是说不能适应市场发展变化的生产管理不被需要。如果让生产管理与现代化市场相结合发挥出它的协调作用，就能够适时地把握生产情况，为下次生产打个漂亮仗。只有这样，才能得到周围人的信赖。因此，现在正是迫切需要生产管理的时候。

要点

- 只要不缺货就能赚得更多。
- 做出来就有库存，做不出来就不够。所以生产管理太重要了。
- 总之，不懂经营。
- 总之，不懂生产。所以生产管理太不可缺少了。
- 之所以这样说是有根据的。
- 关于生产管理自古以来就有定论。这些定论有的是引经据典，有的是经验之谈。而且在以往的产业发展中是派上了大用场。但是，市场变化的速度太快了，这些定论现在可以说已经行不通了。

保守型生产管理

在此，我们斗胆把以往的生产管理模式称为“保守型生产管理”。

以往定义的生产计划已无法顺利地运行下去。材料采购也是以一种消极被动的态度，只是把生产计划给各零件生产部门分配下去就算了。这样下去，按规定的期限交货几乎是不可能的。总之，第一步要做的就是要认识到以往的管理模式已经不适应时代的变化，被时代所淘汰。

此外，仅在制造业的范围内针对生产变动进行应对的业务也属于保守型生产管理。如果对生产活动的改善也只在制造业范围内进行的话是非常危险的。比如，仅把缩短从订货到交货的时间作为改善经营活动的目的就属于保守的范畴。因为这样做并不能直接使生产盈利，不建立通过利用短交期来扩大销售的商业模式的改善是不充分的。削减库存固然重要，但是，如果不将因削减库存而产生的自由周转现金投资于商业来平衡货币流通量的话，改革就称不上是取得了真正的成绩。

进攻型生产管理

总之，需要战略性地推行业务的时代到来了。

在大范围处理业务时，如果不能实现整个企业或整个事业的成功就不能带来真正的效益。而且还必须有对今后经济变化趋势的预测能力。在光速变化着的时代中，即使确立承认现状的商业模式，它的作用也会很快消失的。

本书就是基于这种观点指出了生产管理的方向性。

在构建主攻型生产管理的基础上寻找突破口，就能与所承担的工作进行灵活转换。

尽可能地将原有业务当作样板，同时高瞻远瞩地面向未来确立新的生产管理业务模式。

保守型生产管理	进攻型生产管理
●狭义的业务范围（分工）	●广义的业务范围（一体化）
●点	●线
●部分的效率	●整体的效率
●软弱的领导作用	●强有力的领导作用
●复杂	●单纯、单一
●调整的功能	●管理、经营、整合的功能
●批量生产方式	●日本式的商品生产
●订货生产和预测生产	●看似订货形式的预测生产
●现状	●未来
●日常管理	●新产品开发、顺利生产
●重点侧重评价	●重点侧重生产活动
●通过员工进行管理	●以生产现场为原点
●依靠计算机	●实物主义
●经过加工的信息	●原汁原味的信息
●大量信息	●少量信息
●知识	●实践
●库存最优化	●削减库存、活用库存

08 生产管理业务革新的实现

备受关注的生产管理在大多数企业中是如何运行的呢?

有没有取得成果呢?

每隔十几年，生产管理研讨会都会定期召开。每次都能听到参加者对研讨会的深厚期望。而近年来其内容发生了巨大变化。它似乎成了经营者们所期待的一个重要部门。

研讨会的许多参加者针对应对市场变化制订生产计划的方法、原材料市场波动采购材料的方法等提出了自己的探索方案。另外，还有很多人提出应该重新构建生产管理系统。

参加者中有很多都是从其他部门调过来的。比如，生产部门、销售部门、开发部门等。他们的共同主张就是变革现有的生产管理机构。

- 构建有竞争力的商务模式。
- 确立能够抵御经济波动的生产体系。

- 建立供应管理体系。
- 构筑 EPR 等生产管理体系。
- 削减库存，缩短从订货到交货的时间。

值得庆幸的是生产管理研讨会的参加者比别的研讨会多而且稳定。

然而，虽然有诸多期望，但切实采取措施的却不多。

为什么生产管理改革无法顺利进行呢？

因为对其存在问题的背景认识不够。

- 有过去取得成功的经验。
- 危机感丧失。
- 先行体制的渗透。
- 企业心理意识的欠缺。

要想实现生产管理的变革就要敢于否定现状。可是，这一点很难做到。

第1章

生产管理是经营的综合实力

生产模式
近来生产现状
看似订货的预测生产
生产管理所扮演的角色
生产管理的新职能
作为宏观调控职能的生产管理
作为经营职能的生产管理
作为整合作用的生产管理
生产管理的范围
扩展生产管理的业务

09 生产模式

就以往的定论来说，生产管理的方法因生产模式的不同而不同。其实不然。

订货生产

订货生产是指诸如造船或制造大型机械之类等，根据顾客对其规格、质量以及数量等的要求来接受订货，进行生产的经营模式。

在订货生产中确立了以订货为基础的管理模式。一旦接受订货，设计部门就立即进行设计。这种设计样品一经顾客确认就将作为订货，由生产部门制订生产计划，并进行相应的材料采购，最后进入生产阶段。这就是它的整个流程。

预测生产

家电产品、食品、服装制品等产品因为顾客是不确定的，所以只能预测其市场情况，估计它的规格、款式和质量等进行生产，以满足市场的不同需要。这种生产方式就是预测生产。可以说，它是一种生产出大量同类产品的所谓批量生产方式。

预测生产是根据过去的信息和市场销量来判断产品能否畅销，从而制订生产计划的。接下来在实际生产操作中首先预测销量制订销售计划和生产计划，然后再去采购适量的生产原料。这是一种不断探索力求实现批量生产效果的生产方式。

订货生产和预测生产的区别

订货生产	预测生产
●在订货之后进行生产	●预测之后进行生产
●大多是多品种少数量生产	●大多是少品种多数量生产
●每次接受订货都进行设计	●在一定期间定期进行设计
●产品生产期很长	●产品生产期很短
●需要很多熟练的工人	●需要很多单一工种的工人
●根据生产计划采购材料	●根据预测计划采购材料
●根据预测计划采购材料	●有必要储存商品

10 近来生产现状

随着时代的变迁，订货生产和预测生产之间的差异越来越含糊不清。

订货生产和预测生产之间的差异被认为是金额的差异，这是古往今来的定论。然而，我们现在最好用怀疑的眼光来审视一下。

虽说是订货生产的产品，却没有余力就产品与顾客之间进行协调和周旋。市场动向瞬息万变，所以顺应时机是最重要的，却因为忙于追赶产品交期没有过多时间停下来解决争议。而且，双方对价格的要求也越来越苛刻，如果不能达成一致，产品洽谈就不能取得成功。同时，消费者们也开始注重张扬个性，不喜欢与别人用同样的东西。这样一来，预测生产的特征也发生了变化。如果某种产品大量生产有利可图，其他竞争厂家也不会坐以待毙。因此，在当今社会，预测生产逐渐接近订货生产，而订货生产也逐渐接近预测生产。

此外，近年来即使是昂贵的产品也不能拖延交期，即使是廉价的产品，规格、款式和性能也不能草草了事。信息化的发展使订货生产和预测生产之间的差别越来越模糊。

请看 P_{33}页表，两者特征的变化一目了然。

订货生产与预测生产之间的区别逐渐模糊

订货生产	预测生产
●订货之后进行生产 ⬇ 寻求订货和生产的同期化	●生产之后进行订货 ⬇ 寻求订货和生产的同期化
●多数是多品种少数量生产	●多数是少品种多数量生产 ⬇ 时代的变化 ⬇ 多品种少数量生产的增加
●订货时进行设计 ⬇ 编辑设计 ⬇ 基本设计定型化	●设计定期定型化 ⬇ 频繁的样式变更 ⬇ 商品寿命周期缩短
●产品生产期长 ⬇ 竞争力增强 ⬇ 制作期间的胜负	●产品生产期短
●需要大量熟练工人 ⬇ 标准化 ⬇ 熟练工人减少	●因为生产流水线化有少量熟练工人就够了 ⬇ 多能力工人 ⬇ 一人生产线
●材料基本上当时就采购	●根据生产计划有计划地采购 ⬇ 不费工夫地采购原料
●没有必要储存产品 (买方是固定的)	●有必要储存产品 (以库存形式留下来) ⬇ 削减库存与削减销售亏损之间的对立

11　看似订货的预测生产

既满足顾客方的需求，又能使企业方盈利。怎样才能达成双方的目标呢？

这就要看预测生产的了。

顾客方

比如建造住宅，顾客方梦想的是在考虑到宅地有限以及价格问题的同时，尽可能地建造满足自我需求的住宅。尤其是近几年来，人们更加倾向于把个性化的生活方式融入到房屋设计中，期待与众不同的商品房问世。

从顾客方角度来说，订货生产就是如此。厂家就是根据这些要求来进行研发的。

生产方

对生产方而言，怎样才能将这种要求与预测生产联系起来是“能否满足订货”“能否盈利”的关键。相同的材料、相同的各个单元、相同的施工标准等，这些都成为顾客方作出选择的必选项，使其要求互相靠拢。

乍一看，它只不过是按订货进行生产的，其实都有预测生产的成分。如下图所示。

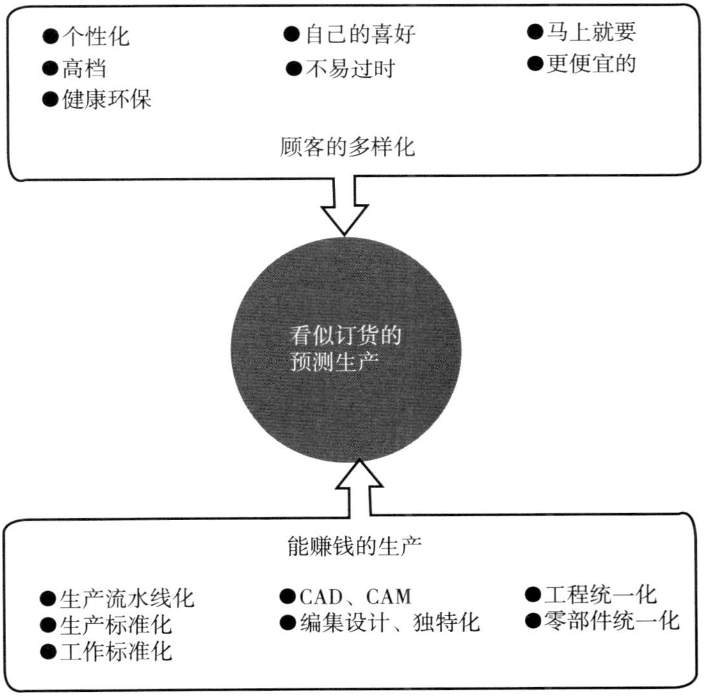

因此我们必须认识到，从表面上看来，生产管理的基本现状受其生产类型的制约，并没有改变。

每个企业所处的环境因生产管理方式的不同而各异。这一点不可否认，但是许多企业过于强调自己所处地位的特殊性。“我们公司是我们公司”这句话就是这种想法的最好例证。只了解自己公司和业内领域的人是很难推翻以往的常理的。而在技术的进步和经济全球化的进程中，以往的常理却变得不合乎常理了。

因此，重要的是持有广阔的视野并收集尽可能多的信息。最好到批发商等消费第一线去实地考察体验销售最前沿的情况。还有打听国外的劳动环境和消费动向也是很重要的。此外还要注意的就是要切身感受到自己所处环境的严峻化。要以积极进取的态度，敢于面对困难局面的挑战。如果业界有更为严峻的商战实例要注意收集，并从中吸取经验和教训。其中肯定有许多对解决问题都有帮助有参考价值的内容。尤其是在推进改革创新之际，人们似乎很容易在无意之中产生肯定现状的心理。这种心理将会制约改革创新活动的进程，这是非常危险而令人担忧的。

12　生产管理所扮演的角色

如今生产活动日趋复杂化。如何使它顺利地协调发展就要看生产管理的本领了。

消费者的需求正在多样化。于是，生产分工的进程也在加快。

生产管理在其中扮演的角色就是协调器。
即顾客需求与生产现场制约之间矛盾的润滑剂。

顾客方

想要购买的是物美价廉而又流行的产品。

要是把顾客方的要求当作生产活动的评价标准来看的话，可以称之为“生产三要素”，即

“QCD”（Q 是指质量 Quality，C 是指成本 Cost ，D 是指交期 Delivery）

生产现场

推进生产活动所必需的资源——人员（Man）、材料（Material）、设备（Machine），这通常被称作“生产三要素”。为了获得利润，这三要素就成了生产现场的制约因素。生产活动的评价标准就是如何使“生产三要素”有效地投入生产，怎样生产出令顾客满意的产品来。所以，可以说生产管理的作用就是让顾客方和生产现场之间毫无浪费地衔接起来。

警示！

日本制造业强盛的理由

“生产出好东西来就卖得出去。”

“便宜的就能卖出去。”

能够满足上述条件的最好办法就是批量生产。批量生产方式就是以提高质量或者降低价格为基础发展起来的。生产管理的职能也同样是以批量生产方式为前提形成的。现在，即使对于大多数经过实践检验的生产管理来说，或对于作为其前提的生产理论来说，这种批量生产方式都是根本形式。

（续）

可是，顾客们的需求变了。

他们“想要自己独特的东西”，并且“马上就要”。

人人都追求与众不同、富有个性的东西，仅靠批量生产已经无法满足顾客们的这种需求。

结果，多品种少数量生产的新型生产方式的确立成为必需条件。同时，“生产三要素（QCD）”中的D也受到前所未有的高度关注。D就是指时间和速度。不论是质量多么好、多么廉价的商品，因为脱离时间和速度而销售不出去的例子比比皆是。所以与“恰当的时机，特定的商品，需求的数量”相符的生产方式便应运而生。这种生产方式的典范有丰田生产模式、快餐生产模式以及流水线生产方式。

这些都是以“生产流水线化”“生产标准化”为宗旨的生产方式，其内容是一致的。

可以说，日本制造业就是依靠日本式生产方式跻身于世界制造业首位的。

日本制造业正在艰苦奋战的理由

依靠日本式生产方式跻身于世界制造业首位的日本制造业正在重重困境中奋战。

日本式生产方式转眼之间遍布世界各地。尤其是在组装制造行业，它甚至被奉为基本常识法则而立稳了脚跟。并且在工资低廉的地区显示出绝对的优势。仅凭提高生产力将无法弥补这种数十倍的工资差额。

并且，昔日的成功经验给日本制造业带来了严重束缚。比如生产力不足，即供不应求的境况下，日本企业采取了通过改善生产环境来提高生产力的做法。并以此来警惕出现漫不经心的投资方式。日本企业凭借这种运营模式，曾经在与优先考虑传统投资模式的欧美企业的竞争中获胜。然而，时过境迁，时代的进步越来越注重速度化和技术的进步。

企业只要预测商品，能够畅销，就会在做好抵御风险的精神准备的基础上，进行大规模的设备投资，瞬间夺下市场领地。进而，生产形式也由零件装配型向设备组装型转化，通过设备投资使生产水平稳定下来，这又不断为这一潮流的发展推波助澜。同时，它还导入了独特的，以外包零件采购(全面委托企业外的专门人员进行信息系统的设计、应用)为手段的制造新思维。

制造业成败的关键也发生了转变。可是，在以往商战中夺得胜利的日本制造业，面对这一新的变化却反应迟钝了。“商品生产”固然重要，然而，在此基础上探索迅速投资的金钱意识也成为顺应时代的新的必要条件。

13 生产管理的新职能

> 使生产管理向操纵、经营管理、整合三位一体的进攻型转换。

近年来，由于技术进步和信息化的发展，想以原有技术与其他公司拉开距离变得越来越困难。因此在研究开发领域取得压倒性胜利也是极为罕见的。没过多久，就会有别的公司生产的几乎水平相当的有竞争力的新产品问世。这就是这一问题的证明。

应对这一问题，有效的方法之一就是在做好承担风险的精神准备的基础上靠投资来决一胜负。这也就是欧美、韩国、中国的企业走向成功的方式。

曾几何时，美国制造业独霸全球的成功神话也是靠投资来实现的。当时，日本的口号是“日本式生产方式”。在无法保持商品生产优越性的今天，更为重要的是生产管理的新功能。不单是以资金实力来决定胜败，还要用智慧来拉开距离，取得领先优势。日本制造业引以为豪的生产方式的核心就是这种进攻型生产管理模式。

不仅如此，管理还应讲究技巧。怎样才能使每个领域的优势整合起来，形成综合实力呢？生产管理的职能就是在业务运营中使各部门互相配合相互协作，从而在与竞争对手的对抗中保持优势。这样就能够甩开对手，一路领先。因此，这种生产管理模式是企业走向成功的金钥匙。

生产管理的三种职能

①管理方面

（宏观调控）

——灵活地应对市场变化——

它主要应用于市场的多样化。使多品种少数量的生产模式成为可能的生产管理对企业是必不可少的。具体来说，就是实行看似订货生产的预测生产。

②经营方面

（管理）

——构筑成功的商务模式——

准确预测时代的急剧变化，以生产为中心确定今后的发展方向成为必须考虑的问题。从市场动向和生产能力来构筑企业的成功之路。其职能就是在实际操作中向经营人员提出实施方案，并促进向实际运行过渡的正确判断的作出。

③整合方面

（统筹）

——由点到线，集合企业的整体实力——

只靠生产力无法构筑商业模式典范。必须要使销售、开发和生产相结合，以综合实力向市场发起挑战。这就不得不依靠生产管理来作为联系三者的纽带。

14 作为宏观调控职能的生产管理

生产管理的宏观调控职能恰恰符合“结账”这一词语。

生产管理的本职作用并不是干那些规定好了的工作。单是打着生产规划的旗号，搞销售计划实在有些寒酸。仅仅通过计算机管理发货材料的进展也有点太可怜了。

注

“结账清算”一词的第一层含义

每逢节日庆祝活动来临，商业街上的小店都会格外热闹。棉花糖、烧麦、玩具……虽然有很多相同的店铺，但秩序井然。生产车间的本职工作就是生产商品，技术人员在使用原有技术条件下，力求其生产设备和产品具有特性。与此相比，管理人员似乎没有类似的职责。

顾客们不断追求变化，越来越张扬个性。生产基地为了追求利润，制约条件也越来越苛刻。因此，结账清算成为必不可少的职能。

注

“结账清算”一词的第二层含义

制订每家店都能接受的编排设计和规则。这不是为了发挥个体的能动作用，而是保证整体的有序进行。如果有谁不服管束，我行我素，大家都争相表现自己的话，整个庆祝活动就无法进行，顾客们也会愤然离开。因此，对生产管理来说，这一职能也是必需的。但是，也绝对不能光欺负弱小，这样做的话会被称为懦夫的。

所以，作为宏观调控职能的生产管理说白了就是结账清算，为达到其目的必须遵守以下三点：

（1）站在“三现主义”的立场上；

（2）使生产简约化；

（3）由保守型生产管理向进攻型生产管理过渡。

15 作为经营职能的生产管理

人们所期望的是生产管理能够准确地把握、洞察市场行情，在构筑成功商业模式的探索中发挥中坚力量。作为生产管理的职能仅把各部门约束起来是不够的。市场本身也是在不断发生着巨变的。如果不亲身体会到这一点，让管理职能淋漓尽致地发挥出来，是无法取得良好效果的。

在传统的制造业中，生产基地担当着主要角色，如果凭借强有力的生产基地提高产品质量、降低成本、按时交货的话，企业就具有了市场竞争力。

但与此同时，企业也置身于必须正视克服周围环境变化的难以逃避的境地。

消费倾向变化了，人们向往的商品也不断变化。商品的生命周期缩短了。竞争也由国内向欧美、韩国、中国台湾、中国大陆地区……不断扩展。为了应对这一挑战，生产基地也必须发生变化。向国外进军，调整生产模式成为时代的必然。

发达企业的发展战略就理所当然地要集中人力物力，把生产自己的拳头产品作为企业发展的重心。近年来，有些商业活动即使是贸易顺差，但因为没有发展潜力和空间，也屡屡被撤销了。在要求速度和时间的商业竞争中，这种新的思维模式也成为没有自身工厂的（专事产品开发和技术研究的）企业的重要选择。这一点几乎成为商业中的常识。

于是，生产管理部门就被定位为能够迅速洞察商业变化、规划出成功商业模式的商品生产的中流砥柱。

要点

生产管理的经营职能

第 1 步：洞察世界发展新动向

- 准确推测商品本身的发展空间
- 整理分析价格动向、技术动向等
- 着眼于世界政治与经济

第 2 步：把握本公司的优势

- 综合分析对手公司业务的优缺点
- 综合分析来自对手公司的机遇和挑战
- 制定将生产力与企业实力相结合的战略

第 3 步：对经营提出可行方案

- 针对对方企业开拓自己的成功之路
- 总结风险和回报情况
- 进行现金方式的检验

16　作为整合作用的生产管理

由点及线，将生产力与企业实力相结合。这就是生产管理的一体化。

生产管理业务担当着企业生产部门企划顾问的角色。

而另一方面，如 P_{49}图所示，它还担当着提携开发、生产和销售部门的作用。所谓整合作用就是这个意思。

必须强调的是它的作用不在于发挥各部门各自的最大能动性，而在于寻求三者整体上的最佳结合点。只有这样才能实现企业的综合实力。当然，整合作用不是一朝一夕就能够实现的。但是，要实现其作用必须有切实可行的步骤。具体如下：

第 1 步　在生产基地确立“优势产品生产体系”

关键词：缩短从订货到交货的时间、灵活变通地生产零质量不合格商品、低成本有竞争力

重点：彻底杜绝生产基地的浪费现象

第 2 步 生产与销售的统一

关键词：只生产卖得出的商品、卖得出的数量、在卖得出的时间内生产向原来的销售业务靠拢

重点：灵活运用 POS 信息、制订生产计划（参照本书 P_{103} 的第 31 项）

第 3 步 生产与开发的统一

关键词：适时推出有魅力的商品、有利可赚的商品和简易的生产设计

重点：协作工序

与开发和销售相关的生产管理

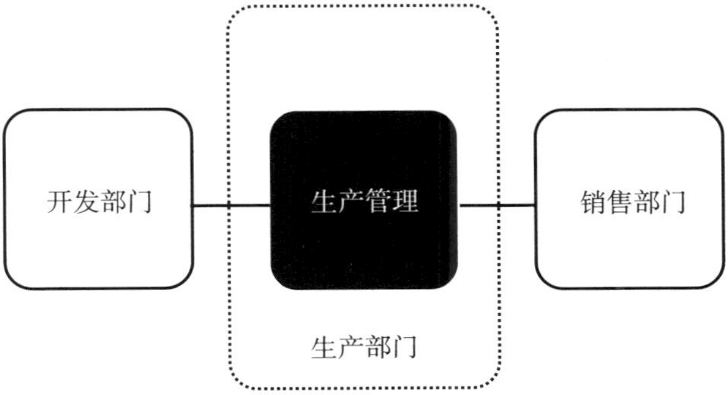

17 生产管理的范围

> 今后需要的生产管理是能够直接联系顾客和生产基地的生产管理。因此，生产管理的作用范围也扩大到经营和设计领域中。

生产管理部门的业务范围随时代的变化而变化。传统的生产管理职能被定格为企业员工管理制造部门。它们的业务大多被限制在工厂范围内。

近年来，在从设计到销售的整个流程中，生产管理部门大多被定义为“为了满足顾客需求以生产活动为对象的统筹管理”职能。(参照 P_{52}页图)

因此，作为其职能，从经营开始，整个流程的生产计划方面以及由设计式样和生产方式所决定的材料采购方面也受到空前的关注。进而，在提携经营与设计方面，它也不是被动地传达信息，而是共同探讨怎样实现有发展前途的面貌。这一点是非常重要的。为了使企业在严峻的竞争中占据一席之地，分门别类地灵活运用生产力是非常有效的方法。

首先，高质量、低成本、短生产周期非常重要。进而，它还要求企业具有针对市场动向尽快扭转生产能力，需要在原料无法到手时，以减少库存来及时供应的能力。这是拉开企业间差距的有效途径。正因为如此，生产管理的重要程度与日俱增。

生产管理业务的流程

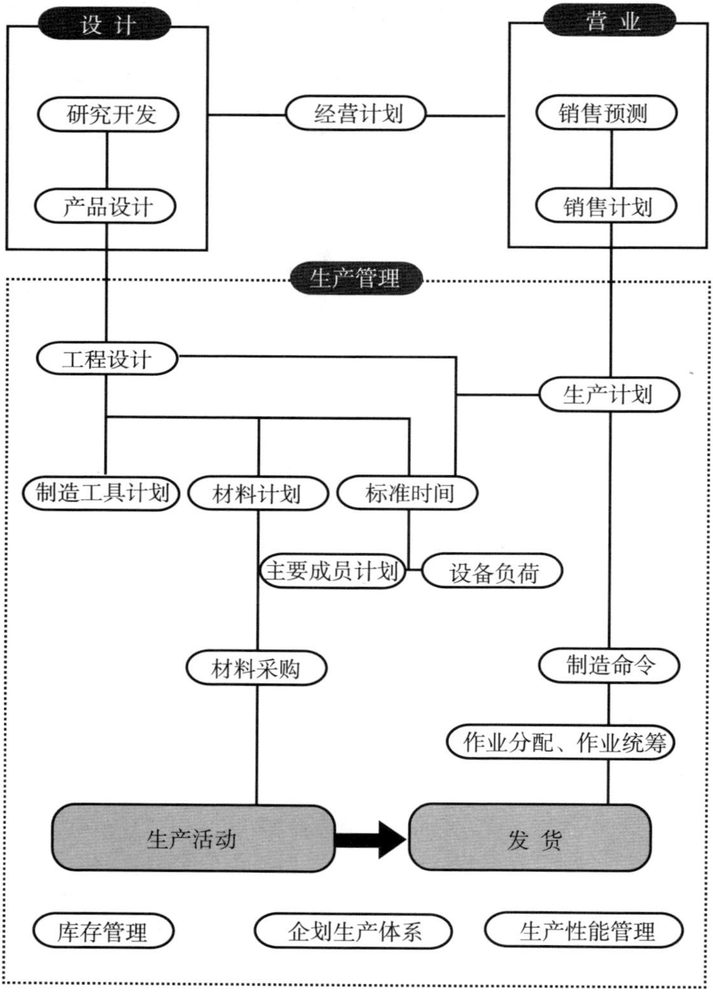

设 计
营 业
研究开发
经营计划
销售预测
产品设计
销售计划
生产管理
工程设计
生产计划
制造工具计划
材料计划
标准时间
主要成员计划
设备负荷
材料采购
制造命令
作业分配、作业统筹
生产活动
发 货
库存管理
企划生产体系
生产性能管理

18 扩展生产管理的业务

仅定义于工厂范围内的生产管理无法应对时代的变化。

好的商品，无论生产价格低到什么程度，如果错过了投入市场的最佳时机也会成为卖不出去的垃圾。

最近，各企业都开始注重在新产品开发的初始阶段使生产部门与开发部门互相协作。只有通过协作才能实现由样品雏形到商品成形的顺利实现。可以说以此来使产品从开发到生产的时间大幅度缩短是企业在市场竞争中获胜的重要条件。

因此，生产管理部门的业务范围从市场调查进一步向指定商品计划的方向发展。

面向实现相互配合、通力合作的生产管理目标迈进

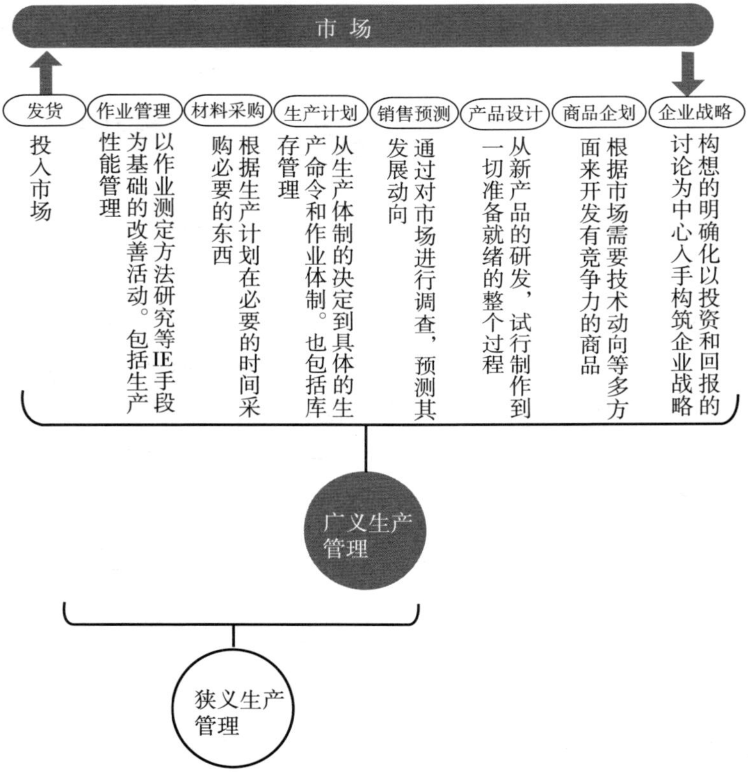

第2章

标准化生产与生产计划的作用

为什么生产计划如此重要
生产计划真正的作用
基本日程与生产负荷
根据基本日程制订生产计划的方法
致力于缩短从订货到交货的时间
以件数方式调整生产负荷
可使用的计件累计
按时间周期进行的观点
制造的真相，销售的真相
生产与销售相互协作的要点
……

19 为什么生产计划如此重要

> 所谓生产计划，就是指使生产部门协调一致，使销售部门与顾客之间就交货期达成一致的手段。

警示!

> 近来消费者的要求越来越苛刻了。要是想买的东西没有了，他们就会选择其他商品。一般来说，即使最优质的定制商品，消费者能够忍耐的等待时间也不会超过两周。

虽然如此，若因害怕商品缺货而盲目地扩大再生产，就会造成商品的保鲜度降低，被消费者拒绝。还有的会被频频上市的新的替代品所淹没。

另外，就生产理论来说，只有统筹生产才能真正获利。而它的逆命题成立的条件就是要有生产计划。但实际上，生产计划面临着诸多问题，具体情况如下：

这些都是对生产活动本身进行的评价。我们应该对这些问题进行综合分析，并把它反映到今后的生产计划中。可以说，生产计划就是对生产部门经营计划的具体规划。这就是生产计划之所以最为关键的原因。人们向来认为生产管理部门内部运用轻快的运步法是非常必要的。因为及时地反映大多数相关部门的意见是极为重要的。

要点

(1) 能否正确反映市场动向，扩大规模还是缩小？
(2) 能否满足销售计划？能否满足消费者需求？
(3) 生产负荷情况如何？人手过剩还是不足？
(4) 成本预算是多少？是否能赚钱？
(5) 材料采购进行是否顺利？原料库存情况如何？
(6) 与销售业绩的关系怎样？商品库存情况如何？
(7) 产品质量怎样？有无困难？
(8) 生产进展如何？生产性能怎样？
(9) 企业战略正确吗？能在市场竞争中胜出吗？
(10) 综合各项结果，考虑下个月的生产计划该如何制订。

20 生产计划真正的作用

如果没有生产计划，工厂就不能顺利进行。然而，生产计划真的重要吗?

如果没有生产计划，各部门都随心所欲地按自己的情况进行生产，库存就会堆积如山，成为一堆废品卖不出去。最终会造成企业亏损。这被看作是生产公理。可是，在实际情况中，这是否属实呢?

警示!

近来有很多企业好像要放弃生产计划，即进行无计划生产。它们试图把获取经营利润的期望全部寄托在提高生产效率和提高产量上。目前已有几家企业将这种构想付诸实践了。

这一事例表明了生产计划阻碍生产进行的想法。也就是说，进行分工的各部门都在努力追求对自己有利的经营手段。所以，总体来说，这种方法未必是最佳途径。

从以往生产管理的定论来看，制订正确的生产计划是至关重要的。但是今后的目标却逐渐朝着即使没有生产计划、生产仍能沿着顺利进行的方向而努力。从此种意义上来说，如果根据与生产计划的关系将生产水平进行分类的话，可以分为以下几种，如下图所示。

这就需要市场信息快捷而准确地传递以及短交期内进行生产的能力。

生产的最高境界——无计划生产

第1水平：依存型计划生产

依据工作人员制定的生产计划进行生产。

第2水平：库存型生产

根据产品库存情况进行生产。

第3水平：销售情况型生产

根据销售营业额进行生产。

21　基本日程与生产负荷

首先，认识一下作为生产计划基础中的基础——“基本日程”与“生产负荷”吧。

根据基本日程制订的生产计划

制订生产计划的第一要点是在交货期之前，紧抓生产，使交货期与生产期相吻合。

普通产品在完成之前要经过许多工序。每道工序都要花费时间，所以要想在交货期来临之前完成的话就必须事先制订生产计划对所需时间做出预测。

警示!

假设你要在某地与某人会面。要想到达，途中需要换乘电车和公交车。为了在约定之前准时到达，就应该先查清楚乘电车和公交车所花费的时间，留出足够的机动时间再确定出发时间。而实际上，换乘以及轮胎毁坏等发生故障的客观条件下必定会与计划时间之间产生一定的“误差”。但是即便如此，也总比事先不对所需时间进行调查而鲁莽去做要准确得多。

这就是以基本日程为基础制订生产计划的基本观点。

调整生产负荷的生产计划

制造业通过生产活动谋取利润。为了达到这一目的，它们无论什么样的订货都接，进而大力开展生产活动。然而，订货一旦超过某种程度就会使生产能力达到极限，生产也就无法进行下去。这种情况就是出现了超负荷。

假设某工厂只能生产 100 个产品，如果来了 200 个产品的订货，就算赚的钱再多，也不得不拒绝。可是也并不是总碰上这种情况。有时也会出现明明能生产 100 个产品，却只要求生产 50 个。这种情况就是指生产能力低负荷。

于是生产计划就必须发挥调整生产能力与订货之间关系的作用。这就是通常所说的生产负荷的调整。

进一步来讲，光靠调整生产负荷也是不够充分的。企业有必要从长远的眼光和广阔的视野来探讨生产能力。比如，今后在预计销售额会增加的情况下及时建立增产体制是在竞争中胜出的决定性条件。在世界范围内消费需求与日俱增的当今时代，必须提高及时地实现产品供给的能力。只有能够处理好投资与收益的关系并作出正确判断的企业才是胜利的团队。

22 根据基本日程制订生产计划的方法

本节将主要对制订生产计划的基本方法——基本日程的观点及其要点进行阐释。

基本日程是制订合理的生产计划的“尺度”。它通常以各个工程所需的必要时间为基本依据，通过有序地排列组合，制订出合理的生产计划。

基本日程的内容

加工时间、检查时间、搬运时间、停滞时间

因为生产计划通常都是以必须达到按时交货为首要目的的。所以很多基本日程的制订都包含一些机动时间。另外，通常每个工程都是以日为单位来表示时间的。

用基本日程制订生产计划时，一般是以交货期为基础，使工序反方向推移的逆向式规划方法。可以说这是一种优先考虑与客户约定的交货期的生产计划制订方式。

基本日程的内容不仅仅是这些，还包括探讨设计方案、材料采购、订货加工等具体事项。尤其是材料采购方面，从筹备到运输也要花费时间，这在很大程度上决定着生产的成功与否。因此，作为材料购买的管理方法，它一直是人们谈论的热门话题。(参见第3章)

确定基本日程时最重要的是基本日程的精确度。如果表述不明确，库存就会增加，生产性能就会下降。而如果过于严格，就会最终导致赶不上交货期。于是，通过分析过去取得的业绩，配备科学的基础资料是重点。提高加工时间等基本数据的精确度直接关系着生产计划精确度的提高。光靠经验之谈或主观臆测来作出决定是不可取的，而武断鲁莽地作出决定更是行不通的。

根据基本日程制订生产计划的方案

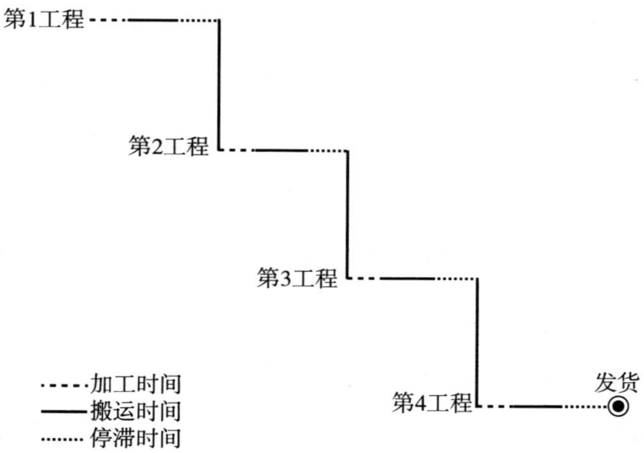

23　致力于缩短从订货到交货的时间

缩短从订货到交货的时间对迅速应对消费者的需求来说是必要的。

从订货到交货的时间是什么

企业一旦接受订货就投入原料进入生产工程的一期阶段。经过各道工序，然后逐步进入最后的加工阶段。完成之后，产品就可以发货了。这一过程，即从订货到发货的区间被称为从订货到交货的时间。

消费者通常追求实效性，如果想买的时候没有想买的东西，他们就会选择其他商品。于是，生产管理者通过尽可能地缩短从订货到交货的时间来不断满足消费者的需求。这也就是制造业存在激烈竞争的原因。

要点

为什么不能用库存来应对商品短缺呢?

为了及时满足消费者的要求，其手段之一就是用事先生产出的商品即库存品来应对。这的确能够解决燃眉之急。

但是，消费者的要求是变化无常的。要是用库存的商品来应急的话就会出现产品大量积压的最坏境地。因此，企业应有的姿态是不留库存的，现做现卖及时供给。库存的危险性正是必须缩短从订货到交货的时间的原因所在。

要点

也可以考虑用库存来应付

在前面我们已经阐述了以库存来草率应对消费者要求的危险性。

但是，最近出现了这种定理不能解决的巨大变动。在预测到消费需求大幅度增加的情况下，如果不通过库存来应对，就有可能会错失良机。

此时，最重要的就是要探讨一下应该以什么程度，什么标准的库存来应对。产品有没有达到急需的程度?把半成品加工成市场需要的各类商品的方法是否行之有效?只把难以采购的原料充入仓库就能应对自如吗?我们要根据买方市场的情况，探求风险最小的方法。

要点

缩短从订货到交货的时间的具体实施方案

结论如下：

· 只把基本日程中能够赚钱的生产项目当作生产对象。

· 所谓能赚钱的项目就是既能满足消费者的需求，又符合企业自身利益的生产项目。

如果把基本日程中的各个基本时间都按照能赚钱的项目和不能赚钱的项目来进行分类的话，具体如下：

能赚钱的项目：加工时间

不能赚钱的项目：检查时间、搬运时间、停滞时间

于是，可以按照以下的方法来缩短从订货到交货的时间。

缩短从订货到交货的时间的步骤

第 1 步：消除停滞时间

通过直接与工程联系来消除等待工程的停滞时间。按照工程顺序安装设备，使生产流畅化，从而消除停滞时间。

通过平衡工程时间的生产能力，使生产同步。

第 2 步：消除搬运时间

通过改善设计、布局寻求搬运时间的最小化。

第 3 步：消除检查时间

通过灵活运用依次检查、自动检查和源头管理，消除生产不良化。

提高企划、设计的质量，生产设备质量，生产质量和营业质量这四项质量，确立经济质量保证体系。

基本日程是安排日程费用有效的尺度。但是，问题是默认现状的基本日程中包含着许多无用时间和机动时间。所以，不能以绝对的眼光来看待它。

为了达到这一目标，就必须进行生产方式的改革。

注

导向时间从以日为单位向以小时为单位转变

这是在大型家电企业 Y 工厂发生的事。在经营管理的开始，企业管理者进行了为期一天的工厂调查。在以厂长为首的各部部门负责人一行人巡视生产工地时，我这样说道：

"能不能从最后的工程开始巡视呢？"

"咦？这不是按照工程顺序来视察的吗？"

（续）

“根据最近顾客们的反映，我认为还是这样巡视更容易弄清楚工程之间的联系。”

“噢，原来如此。”

管理顾问一般是不亲自去工厂巡视的。但是，因为这样做非常有效，所以大家都建议他去。

“这些代表性商品的生产工序是什么？”

工序就是指从订货到交货的时间。

“工序比较长……大约是15个小时。”

“15个小时？太长了吧！”

以总导向时间来考虑吧

人们认为汽车企业在导向时间方面有着相当高的水平，难道不是吗？然而果真如此吗？

其实，它存在着严重的问题。

的确，在其生产工程内的导向时间从投入到发货仅十几个小时就完成了，而且其精确度也以分为单位接受着管理。即使对于材料采购也能够及时地付诸实施。所以它以非常低的库存来保证着业务的顺利进行。

但是，从流通到销售的情况如何呢？

流通方面，以日为单位来管理，维持着正常运转。因为它将工厂周边的成品车库都调集起来，通过载货汽车或货船运往汽车消费地。

进而在零售市场，可以说以日为单位就为时已晚了。

想一想就明白了。因为是仅限于“特价日期”“非周末不可”的情况的。

在供应管理这一重要背景下，这种实际情况被掩盖了。我们最好清醒地认识到，以从订货到交货的时间来提高工厂的生产水平，未必能使整体得到最优化配置。

24 以件数方式调整生产负荷

件数累计是把握生产负荷情况，反映生产计划的极其便利的方法。

在设备型工厂中所采用的计时方法的典型就是件数累计方法。

所谓件数累计就是将每个工程或每个设备计划生产的产品数量和能力都进行比较的方法。如果每个工程的生产件数和生产能力都分配不均衡，生产就无法成立，或者即使能成立，也将造成严重浪费。于是，我们必须以件数累计来衡量件数占生产能力之间的比例关系，从而作出合理的日程安排。

为了实施件数累计，有三个必要步骤。

第 1 步：按工程（机械）类别计算所需件数

计算所需件数也就是计算每个工程（机械）进行生产所需要的时间（生产件数）。一般按以下步骤进行计算。

产品件数计算→工程开展→工程件数计算

工程开展是指将生产每个产品所必须的工程或机械明确化。

第 2 步：按工程类别（机械类别）计算生产能力

计算生产能力有以人为对象和以机械为对象两种情况。

（以人为对象的情况）每个人 1 个月的生产能力＝1 个月的工作时间×出勤率×工作效率

第 3 步：对所需件数及生产进行的商讨

①所需件数<生产能力追加更多订货。

②所需件数＝生产能力恰到好处，两者相互平衡。

③所需件数>生产能力商讨改善，加班，雇临时工，向外厂转移，解除原计划。

注意！

不能单凭累计计件来衡量实际业绩

“件数累计”是非常有效的方法。即使对于电子计算机的生产管理系统，也几乎可以在任何情况下都被采用。但是，以绝对的眼光来看待它也是非常危险的。我们不应该单凭实绩业绩适当的数值来评判它，而应该自始至终地把它当作实绩营业额的参考。

25 可使用的计件累计

集中在瓶颈工序领域的计件累计，成为切实可行的日程安排方法。

总而言之，计件累计的弱点就是生产在全部产品的整个工程中设定正确的标准时间几乎是不可能的。因为，有多种多样的商品，而且还有可能会变更设计方案或采用新技术，所以要想设定准备的标准时间，就必须要有庞大的件数。不仅如此，因为产品寿命周期在不断地缩短，这就使满足这种计算方法的条件越来越严峻了。

那么，计件累计的方法就不能用于日程安排了吗？

“在瓶颈工序中引人注目的日程安排”正是解决之良策。首先把看似最薄弱的工程抽出来。仅对这一工程设定标准时间。

从理论上讲仅对这个工程进行件数的设定和生产能力的正确评估是可行的。其他工程，因为原来就有实力，就暂且不把它们作为日程安排对象了。接下来，为了使工程与工程之间衔接起来，还要导入流水线化的生产方式。

就这样，根据生产流水线化的瓶颈工序的流程安排进行件数累计，成为切实可行的方法。

要点

“生产流水线化”与“生产标准化”

“日本式生产方式”的核心——“生产流水线化”与“生产标准化”。

在急剧变化的市场环境中，为了实现顺利生产，它们被看作是必不可少的方法，引入世界制造业领域。

生产工程是指由生产原料向成品转化的工程，在此，我们着眼于“物的动向”。

如果我们试着把工程按其性质进行了分类的话，可以划分为加工、搬运、检验、停滞四部分。其中能够盈利的只有加工过程。因此，最理想的状态就是将一次次的加工过程相互串连起来。

而实际中的生产状况如何呢？大部分情况下加工过程的比例都很低，与盈利无关的搬运、检验、停滞过程的比例却很高。想要达到只将加工过程衔接在一起的理想状态该怎样做才好呢？

只要将商品按顺序排在生产线上，将生产设备按照加工顺序排列起来，一个接一个地进行生产就可以了。

要点

相反，如果有阻碍这种生产线建立的因素，就要对其进行改善。这种生产方式就是所谓的生产流水线化。

结果，在大大地缩短从订货到交货的时间的同时，各工序之间的不完备库存也就避免了。曾被叫作工序管理的、用于管理库存和调整交货期的业务，实际上就不存在了。

市场的多样化发展必然要求供应的产品也多种多样，以往是通过批量生产的形式将各个品种集中起来统一进行生产的。大多数情况下每月生产一次，并利用库存来应对消费者的需求，可是品种如果进一步增加，库存也会出现问题。

标准化是指生产数量和生产品种始终一致化。实际上是希望当日的生产保持平均化，这就叫作当日生产。在当日生产中，每天生产的是相同数量的产品。每天的产品库存增加额是与生产增加额相当的、稳定的。只需把握商品减少的数额就能推测出库存情况的变化。不需要调整商品的进展情况。所以，我们通过削减库存来调整生产的次数也减少了。

而且，销售部门也能够更轻松地把握生产情况，减少生产与销售之间的业务。

此外，在采购原料方面，为了稳定购买数量，也要大幅度削减它的业务。这是“日本式商品生产”实现顺利运行的必不可少的方式。可是我们必须认识到科学技术在不断进步，生产的周边环境变了，所以只要搞好“日本式商品生产”就能在竞争中立于不败之地的想法已经过时了。这终究是必要而不是绝对的条件。

根据负荷积累进行探讨的事项

关注瓶颈工序吧！

以往想法

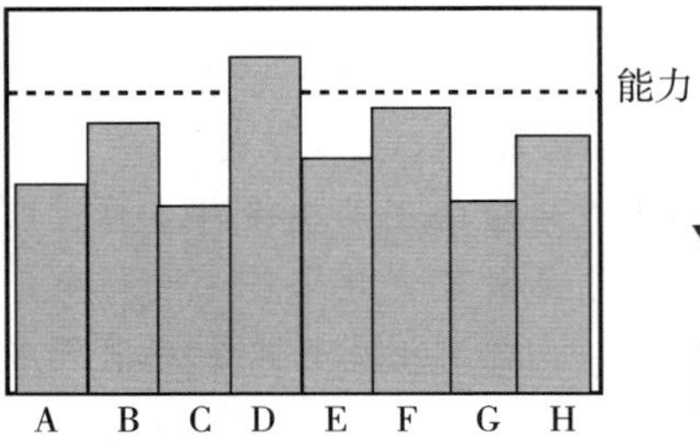

工序名称

根据已有数据进行累计

· 数据的精确度有问题
· 收集数据需要庞大的工作量

只是计算

集中探讨瓶颈工序问题

1. 工序D是瓶颈
2. 工序D的生产数量要明确化
3. 对工序D中的商品设定其他标准
4. 能力不足的情况下，探讨改进方案
   · 根据生产工数削减阶段时间。
   · 根据生产工序削减阶段时间。
   · 灵活动用外部订货来提高能力。
   · 通过加班和周末出勤提高能力。
   · 依靠技术手段提高原材料利用率。
   · 依靠技术手段缩短循环周期。

26　按时间周期进行的观点

按照顾客需求的速度进行生产。这就是周期生产方式。

时间周期生产

它追求按照顾客要求的速度进行生产，这一生产方式的实现就是时间周期的生产。

时间周期

生产单位商品需要的是时间周期。

下面，请试着做一下下面的练习题吧。

【练习题】

工作时间：8 小时　**计划停工时间**：30 分钟

劳动率：85%　**次品率**：10%

必要数量：500 个

请在这种条件下，计算一下加工节拍吧。

【答案举例】

（1）计算出 1 天可以劳动的时间。

1 天可以劳动的时间 =（劳动时间 − 计划停工时间）×劳动率

1 天可以劳动的时间 =（8×60−30）×0.85 = 382.5

（2）计算能够确保必须数量的生产量。

生产量 = 必要数量 ÷（1−次品率）

生产量 = 500÷（1−0.10）= 556 个

（3）计算加工节拍。

加工节拍 = 1 天可以劳动的时间 ÷ 生产数量

加工节拍 = 382.5×60÷556 = 41.3 秒/个

实际上正确答案如下页所示。

【正确答案】

加工节拍=一天的劳动时间÷一天的必要数量

$=8\times60\times60\div500$

=57.6 秒/个

本来加工节拍应该是指目标加工节拍。这是一种追求极限的目标，现实中所承认的不是这种加工节拍。

例题解答中的计算是错误的（按以往的生产管理常识来看是正确的）。

为什么错了呢?

时间周期是指顾客的必要生产时间。这种计算不是为了顾客而是为生产车间进行的计算。

我们应该把顾客要求的速度当作标准来考虑。最基本的是对于由于公司内部事务而耽误运转时间的事项一律不予考虑。重要的是对以下事项进行商讨。

计划停工时间

早会、夕会的时间是否恰当?

检查时间安排是否标准化?

是否能够遵守基本规则?

开工率

有没有因为故障干扰而浪费时间?

程序交接的时间是否得到充分改善?

次品率

次品标准是否明确?

消除次品根源的对策是否正在实施?

在某工厂的对话

“这条生产线运转情况相当好，现在开工率是80%。”
“每天开工时间是几个小时呢?”
“10个小时。”“也就是说要停两个多小时啦!”

在此，重要的是生产部门不能根据表面来看合乎计算方式的计算结果来指导生产。对于这个问题，首先要改良缩短时间周期成立的条件。然后将各个需要改良的项目中立刻见效的改良与按计划应推行的改良区别开来考虑，设置时间周期。

通过上述方法，先将时间周期设定在41.3~57.6秒/个之间，然后，一边观察实际生产运行情况，一边寻找适当的时间周期。

27　制造的真相，销售的真相

> 生产管理最基本的业务是谋求制造部门和销售部门的联合协作。

在此让我们来倾听每个部门的真心话吧。总体来说，大概是以下这种情况。

制造部门的真相

制造部门的目的是有效利用人、物和设备，按照交货期生产出优质的商品。可是，

- ●产品的种类繁多，所以生产性能提不上去。
- ●特快商品或插入商品很多，无法按计划进行生产。
- ●交货期太短。
- ●生产计划的变更太多。
- ●质量不达标的太多了，明明设计本身就存在问题。

- 只有制造部门在进行改革。
- 只要零部件和材料能准备齐全，就能顺利进行生产了。可是……
- 总之，希望生产能够稳定。
- 好不容易生产出来了，却卖不出去。
- 如果不能掌握好市场动向就糟了。

销售部门的真相

销售部门的目的就是把握住顾客的需求，并把这一需求与销售联系起来，从而获取利润。为此：

- 如果不增加产品种类就无法满足销售需求。
- 为了满足顾客们的要求，即使出现特快或突发性生产要求也是不可避免的。
- 因为询问交货期等使本来的正常营业无法正常进行。
- 因为竞争激烈，无论如何都要好好整顿生产。
- 生产过量，请不要把过错都归到营业的头上来。
- 总而言之，希望生产能够稳扎稳打，顺利进行下去。
- 次品和索赔现象的出现呈现出上升趋势。

●本来以为出售的时机到来了，可是竟然出现商品断货，供不应求。

●市场变化激烈得过头了。

> 即使制造部门与销售部门在企业内互相对立也不会对自己有什么好处。与其两败俱伤，不如在共同的目标下面向客户努力协作。

注

唉！销售部门的销售额完成率怎么只有 30%

下面我介绍一下从某核心企业听到的结果。

根据副经理所作的展望，生产与销售相互协作不愉快，使销售额的增长出现困难，公司利润也因此而减少了。此时，必须充分发挥销售部门的能动性。

——主要课题——

(1) 销售部门原来的销售业绩比率非常低，大约只有30%。

(2) 生产计划不明确。

(3) 新规则的制定，新改革的进展不顺利。同时商品开发进度也不容乐观。

(4) 出现了无用的商品和没有急用的商品。

(5) 销售额主要集中在月末。

(6) 产品库存虽然很多，但是其中没有必需商品。

(7) 对公司新人没有进行充分的培训，致使生产销售存在很多外在隐患。

(8) 与工厂或客户进行联系等使用电话的情况很多。

这并不是列举的这个企业自身存在的问题，几乎每个企业都有这样的共性。

注意！

这里指出的问题是生产信息传达功能不完备造成的。

制造部门与销售部门关系良好的范例是极其少见的。大多数情况下，两者都只顾忙着追求自身的利益。

那么，怎样做才能增强双方的相互信赖、协调双方的行动，从而一线省去许多不必要的麻烦来降低双方的生产成本呢？

关键是生产一线的信息传达问题。

按照以往的方法，信息是从销售部门到销售计划再到生产计划这样单向流传的。所以制造部门接受这一信息后会因为种种原因使生产滞后造成运行不畅。了解市场信息的销售部门为了回应顾客的要求，必须深思熟虑，做好前期的准备事项。

这次改革活动主要是着眼于改善生产管理信息传达不完备的问题。首先是使信息传递快速化、准确化。其次把这种处理能力直接投入工厂。最终在确认交货期等方面工厂成为最重要的窗口。这样一来，销售部门内部因生产不畅销商品而导致交货期延长的电话急剧地减少了。

但是销售部门的改革活动并没有就此结束。着手于真正的改革的条件在逐渐成熟起来。如今，准确地把握市场变化的难度非常大。企业收购和企业破产都已经成为家常便饭。那些为了应对这一挑战始终例行日常业务的销售部门根本不可能在竞争中胜出。

如何精准地制订出适应市场需求的商品，如何将商品顺利及时地投放市场，直接关系到企业能否取得良好的销售业绩。生产和销售要想面向未来取得成功的话，必须携手前进，共同提高自己的业务水平。

注

从销售部门的改革活动来看

这是前面所讲的核心企业的故事的延续。

销售部门把集中精力发展畅销商品作为初始目标，开始着手进行改革活动。

（续）

首先就生产和销售合同进行商讨。会谈进行得很顺利甚至达到了推心置腹的地步。其实这种情况是经常出现的，已经不足为奇了。可是为什么企业内部的协作如此不协调呢？这种形式上的调整生产和销售的会议每月都要举行一次。可是这又能起到什么作用呢？

再加上每月一次的销售指导，以作业方式来消除存在的问题。其实质发生了变化，良好的销售业绩也就出现了。改革内容具体如下：

——活动内容——

（1）生产信息传达功能的强化对策的体系化和重点化。

（2）生产方式的变更（按照产品类别设置生产线，并导入标准化的生产方式）。

（3）把销售部门的生产调整业务移交给工厂接管（包括撤销总公司的业务部门）。

（4）将畅销产品比率由30%提高到60%。

（5）增加访问客户的数量：由2件/月、人提升至8件/月、人。

（6）抽取出重点开拓课题，制定新的日程管理：30件/年、部门。

28 生产与销售相互协作的要点

为了使难以协调的生产和销售部门实现良好协作，有几个要点需要引起注意。

要点 1：必须率先推进制造部门的运行

销售部门的防守范围就是消费者。消费者不会因为销售部门的变化而改变自己的需求。的确，销售部门有许多必须改善自己活动的因素，但是也有必要理解对改革感到为难的情况。从力所能及的事做起也需要制造部门率先作示范。于是，制造部门在实施改革活动之际必须首先对今后的市场动向作出自己的设想。

要点 2：从对消费者的研究出发

实际上就是指在过去的订货基础上把握销售对策。这一分析是必不可少的。其次，这一分析要以制造部门为中心展开。因为，这一分析的目的在于将生产和销售统一起来，一边考虑制造部门的现状一边努力推进生产。然而，意想不到的是销售部门却自始至终地注重日常生产的定额标准，很少意识到市场动向。

要点 3：从制造部门的业务入手

整合业务就是要重新调整两者之间相互重复的部分。废除、整合不必要的手段，使业务便捷化就属于这一范畴。在这种情况下，应该担当重任的是制造部门。因为制造部门中有许多人、物和设备等方面的不稳定因素。同时，在整合业务方面，业务之间的统一划线成为不容忽视的问题。在这种情况之下，如果强硬地去压制有问题的业务，整合工作就无法顺利进行。制造部门只有向着扩大业务规模的方向，以着手改革有问题的业务的姿态来应对，才能走向成功之门。

总之，制造部门也必须积极地全力以赴地扩大业务规模。否则，旨在利用海外的廉价生产基地来降低成本的生产模式将会占领市场的制高点，日本国内生产的优越性则会荡然无存。

整合生产和销售的关系将是生产管理的重要任务。

从推销到市场化，描述销售的词汇也在发生着变化。因为，环境的变化客观上要求市场从以卖方为中心向以消费者为中心的方向转变。统计数字也由重视销售数量向重视企业盈利额不断发生变化。进而，市场范围不断扩大，现在正在按照如下方式前进着。

（1）计划产量。以提供受消费者欢迎的产品作为参照物进行考虑。

（2）推销。向消费者提供产品。

（3）售后服务。为出售之后消费者的利益着想。

销售部门必须摆脱仅限于卖出的销售方式。必须减少销售部门的日常业务。为此必须实现生产和销售的整合。通过这些方法就会使生产管理的业务本身发生变化。在生产和销售携手共同应对市场竞争之际，人们盼望着它能从以协作为纽带的业务运营方式向开路者的身份转换职能。

销售部门的主要业务

· 以前——只负责把生产的产品卖给消费者。

· 现在——谋求生产消费者喜欢的商品，在开发和生产相互协作基础上来提供。

· 将来——根据市场的最新动态，构想出更具竞争力的商业模式。

注意！

· 为了弄清楚下次产品什么时候生产出来，多次向制造部门打电话询问。

· 所以处理这些生产之外的琐事也就非常棘手。

· 员工培训也不充分。

· 如果销售部门是这种状态的话，那么整个公司的未来也就完了。

为了解决上述问题，我们必须以充分发挥生产管理的职能为手段。

29 从预计销售额来制订生产计划

生产计划的制订是从预测如何把商品卖出去的想法开始的。在此，我想说明的是预测的基本方法。

基本的预测方法是把过去的销售业绩拿来进行分析。分析过程中会出现以下三个问题。

1. 市场

对市场（销售倾向）的预测有几种方法。除了以下两种方法之外，其他的几乎都能通过绘制图表的方式来读懂过去的销售业绩。

2. 季节变动

它是由商品的特性所决定的，很多情况下都可以通过观察过去 3 年多的实际业绩来把握。

3. 不规则变动

它是指由于战争等突发事件引起的后果，这些几乎是无法预测的。但是，至少每个公司都应该致力于把握自己公司内部的异常现象。这才称得上是销售部门的预测业务。

预测销售方法中有很多利用概率进行统计的方法。它们各自有各自的优点，有很多可供参考的价值。但是，也不是说这就等同于实际业务。销售业绩中有很多人为因素，而且还有很多能够意识到的变动。首先，还是根据以往的销售业绩从简单的方式入手比较好。

这些分析的确很有用，但是也有需要注意的方面。也就是说要事先了解客观分析的界限。在客观分析的基础上进行正确预测的时候，感性就显得尤为重要。尤其是不要忘记要站在时代的制高点上。

具体来说，从日常生活中的现代人立场来看当今的产品和服务发展的方向如何呢？比如，从生活方式的观点来说，企业发展的生命力应该来自生产出有魅力的产品和保证优质的服务。这将成为必然趋势。所以难能可贵的是我们必须具有能够作出这种判断的感性。

在这里向大家介绍一种具有代表性的方法。

●以 Z 型图表为统计手段（见 P_{98}）

用 12 个月的累计流动曲线来把握市场动向

1 月表示的是去年 2 月到今年 1 月的累计数量，2 月份表示的是去年 3 月到今年 2 月的累计数量……以此类推来表示年度销售额。

水平曲线表示产品销售稳定。上升曲线表示销量增长的产品，而下降曲线则表示销量减少的产品。不过，一次性订货额很大的情况不包括在内，这一点容易影响判断的正确性，必须加以预防。

每月销售额

它表示的是每个月的销售额。在夏季、冬季、圣诞节等由于商品的特殊性出现销售额上升的情况下，必须考虑到每月的销售额。同时还必须注意到年末销售量上升则是因为公司内部的原因。

累计销售额

它表示的是每月销售额的累计数量。能够一目了然地看出与目标之间的差距。P_{98}图所示企业，因为出现大幅度销售量减退，需要以推出新产品等为主要对策主动出击寻求企业新的支撑。同时还必须通过生产与销售的共同努力谋求成本的降低和库存的减少。

注意！

一目了然、简单易懂的预测方式——Z（chat）

所谓 Z（chat）就是把季节变动趋势一目了然地表示出来的图表。

Z（chat）以月度销售额为基本参照物，将月度累计销售额和 12 个月中每个月累计销售额的变化趋势在同一个图表中反映出来。通过观察这两个图表我们可以一目了然地看出季节变动和潮流的动向。

依据Z（chat）进行销售预测

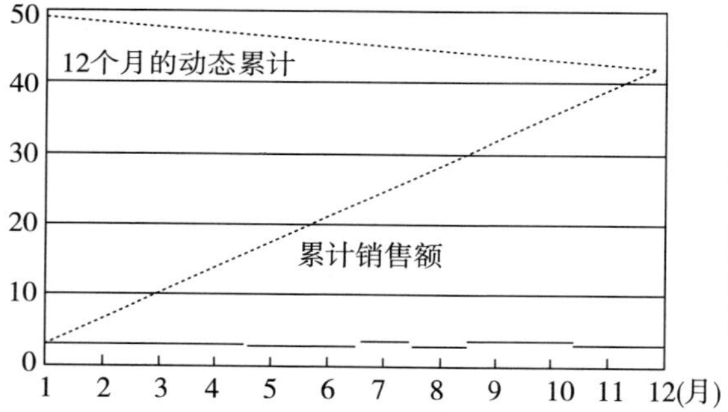

一目了然、简单易懂的预测方式——Z(chat)

（单位：百万日元）

月份	1	2	3	4	5	6	7	8	9	10	11	12
销售	381	386	373	358	339	345	356	340	350	363	341	345

30 通过分析订货掌握突发情况

如果我们试着来分析一下销售情况，常常会意外地发现，订货趋于标准化。

虽然对将来情况的预测很重要，但是进展却相当不顺利。为了使将来的情况能够顺利进行，对过去的实际销售业绩要进行冷静的分析反而显得尤为重要。我们始终关注着数值的变化趋势，但是几乎没有人实施过系统化的分析。于是，推荐大家按照本书 P_{102}所介绍的方法实行订货分析。

分析订货首先必须注意的问题如下：

注意!

年末集中型销售企业和月末集中型销售企业是何等之多……

分析订货的时候，大多数情况下可以感觉到一些人为因素的变动。因此在做订货分析时必须首先排除自身情况。当然有时候不能轻而易举地修改，但有必要看一下是否有年末集中型和月末集中型销售。其次，要将特殊销售和日常销售区别开来。制造业中的经营活动是置于核心地位的。而且大量集中容易较早地获取信息。这些情况应该怎样看待呢？其实，这决定着销售部门最重要的原则。最后，除了潮流动向和季节变动之外，剩下的结果如何呢？

注意！

其实，几乎所有订货都趋于标准化！

但是，分析销售情况（订货）是谁的职责呢？

按常理来说，人们会认为是销售部门的责任。其实不然。

销售部门对过去的销售额几乎毫无兴趣，因为他们认为这与今后的销售业绩丝毫无关，与其有时间进行分析，倒不如去走访客户或是去开拓新的销售市场。

那么，订货分析是做什么用的呢？它是为了提高销售计划的精确度从而提高生产计划的精确度的。总而言之，有必要进行订货分析的其实是生产部门。

实际上，订货分析所必需的数据对工厂来说也是有可能获得的。为了使生产顺利进行，必须试着亲自去分析数据。

结果会发现在日常销售中，生产部门也能够对信息了解得一清二楚。生产部门最盼望的是生产实现标准化。只要能具备固定的生产条件，对生产体制的讨论就简单了，材料的采购也容易多了。质量提高和生产性能的提高也能顺利进行了。而实现这一切的第一步就是进行订货分析。

考虑到以上条件，我们可以体会到，进行订货分析的应该是生产部门。

销售信息的看法和分析方法

销售信息的活用法则——订货分析

1 排除销售异常现象(人为因素的排除)

●年末的集中销售。
年初销售的大幅度下降。
●每月后半期的集中销售。

2 将特殊销售与正常销售区分开来(商品、销售、出口)

●为了特殊的目的进行集中出售时一定要有事前发布广告等信息。
●不固定的消费者各自的购买数量不会有太大的浮动。

3 特殊销售方面的信息收集体系的确立(对经营最重要的业务)

●排除每个营业员的散乱行为。
●要保持对实际销售业绩比率和销售走势等的清醒认识。
●确立信息收集渠道。

4 对日常销售的解析

●季节变动等。
●趋势分析(整体销售量的变化、比率、新产品的走势等)。

31　制造业 POS 的方案

生产一线更需要最新的销售信息，
想一想制造业 POS 的可行性吧！

对于生产计划的策划者来说，最大的问题是所处理的信息不够新鲜。

第一线的销售情况把各个分店的营业员都集中到公司总部，然后，公司总部对此进行汇总。再以这些数据为基础制订销售计划。接着这个销售计划将被下达到工厂，由生产管理部门负责对其进行加工。这简直是一种传话游戏式的生产计划制订方式。但这种方式难以顺利及时地推行，于是 POS 方案就开始备受瞩目。

所谓 POS，即“point of sales”的缩写，它是一种尽可能获取销售最新信息，用于企业经营的销售计划。并且正在被广泛用于便利店等服务流通领域。

可是，它在生产部门就无法应用了吗？虽然生产基础新的信息源源不断，并收到了极好的效果，但还是不够好。只有实现上述效果才是真正的制造业 POS。

但可惜的是流通渠道相当复杂，真正贴近消费者的信息很难获得。

即使如此，我们也要积极地掌握批发商的信息并加以充分利用。

销售信息的获取方法

POS（point of sales）
销售信息时段管理体系

制造业中的POS

· 经过加工实现信息转换。

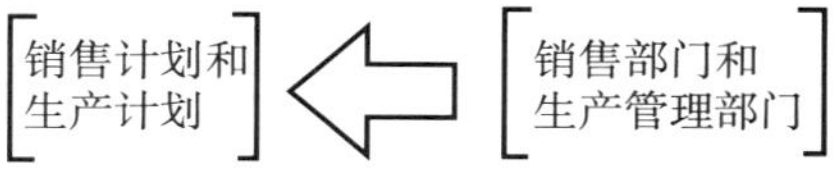

· 尽量获取最新信息。

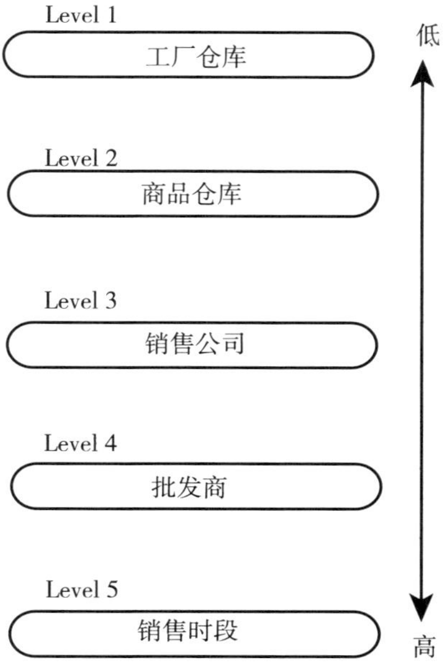

营业员的营销手段

在公司里经常听到厂长和生产负责人的如下对话。首先是从厂长的牢骚开始的。

“哎呀，经营真让人头疼死了。”

“怎么了？又是销售计划失策了？”

“对啊！别的企业也是一样吧？可是我们的好像更严重啊！明明知道卖不出去却偏偏制订生产计划，结果出现严重积压。甚至还是连续加班赶出来的呢……”

“早知如此不生产不就完了吗？”一边这样想一边问道：

“销售部门的对策是什么？”

“是市场化吧？可是不好好地做销售的话……”

“是吗？抓住人的心理不就是最好的营销手段吗？”

“这样说也有道理啊。那销售计划由谁来制订呢？”

“你不就是最佳人选吗？最为难的就是你啊。来，一起试试看吧……”

注意!

生产不出来卖得出，生产出来了又卖不掉了

生产部门一旦生产不出来了，营销第一线就会在确保自己的所需数量的基础上，给预想的销售信息加点水分。比如需要50件的话，就要求他做100件。这是长期以来掌握的生存智慧。实际上，已经久经商战的老企业很多都这样做。你的企业没事儿吧?

注意!

这种计算标准对吗?

一提起生产能力的计算条件，很多人就会说:“那还用说。”

“对于瓶颈工序当然要竭尽全力地开展生产啦。”

“这一点大家都明白。可是，计算标准呢?”

“1天22小时，28天。”

“啊！什么时候开始1天22小时、1个月就是28天了?”

32　汽车公司的生产计划

生产计划根据产品和销售方法的不同会有很大的区别。现在引用具有代表性的事例来对生产计划的种类以及其所起到的作用加以说明。

下图是汽车行业的生产计划流程。绝大部分行业都没有比汽车行业的规模和产品种类再多的了。因此，之前的步骤都可以不要了。但是在制造业，基本的生产计划流程大部分是相同的。

要点

要点：生产计划的种类

· 年度生产计划——就是指以后做各种生产计划信息的基础。
· 3 个月的生产计划——被用作每个月的职工分配计划以及零部件、原材料采购的计划时使用。
· 1 个月当中的每日生产计划——在零部件以及原材料采购时使用。

（续）

·1周当中的每日生产计划——是利用销售信息制作的。一般的企业在这方面做得都很好。
·每天的最新确认计划——根据销售的最新信息，对生产计划做局部的调整。
·生产投入时的使用顺序计划——把生产资料平均分配，制定每个产品的生产顺序。

以汽车行业为例的生产计划的流程

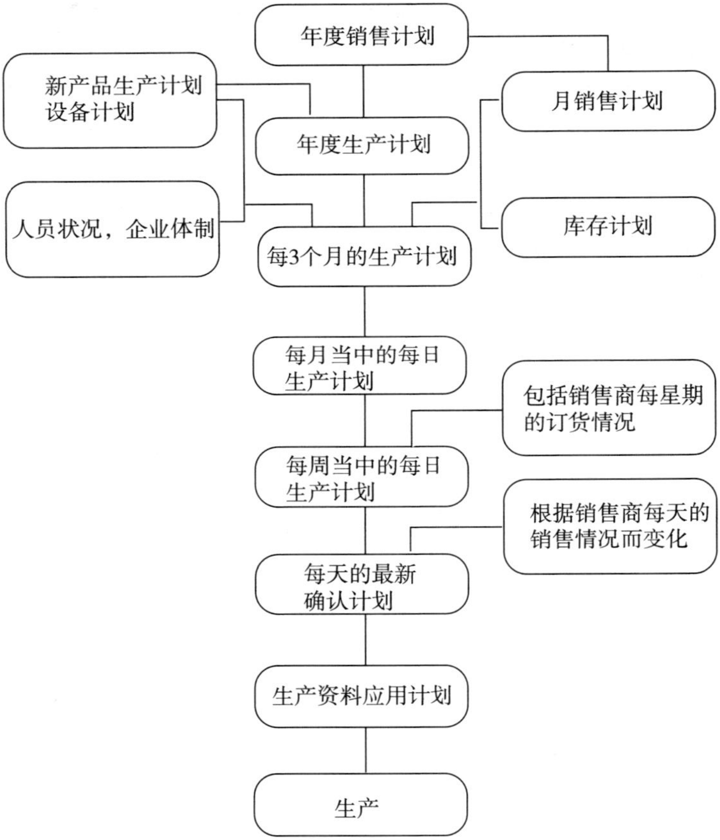

33　生产计划一般是以每周的生产计划为主

在经济环境不断变化的时代，生产计划不是以月为单位制订的，基本上以周为单位制订的。

通常，企业在生产过程中最重要的是每周生产计划。在如今变化激烈的时代，是很难制订以月为单位的生产计划。

另一方面，制订周以下单位计划的话，采购零部件也是很困难的。而且，也没有必要制订这么短的计划。由于这些理由，周计划就成了生产计划的基本计划。

进一步说，以周计划为基础，通过不断地把周计划延长到下下周的话，也可以当作月计划使用。如果在零部件以及原材料的采购上需要制订月计划的话，也可以使用周计划，通过不断地延长周计划而达到目的。

与月生产计划相比，周生产计划可以以 4 倍的速度来完成业务。因此与月生产计划相比，周生产计划可以完成多 4 倍的生产任务，异常情况也减少了，间接的工程量也基本上没有增加。

周生产计划

周生产计划就是指，以上一周的预定实现情况作为参考，确定下一周的生产计划，以及粗略地制订下周的生产计划。就这样每周通过不断地完善加以运用。

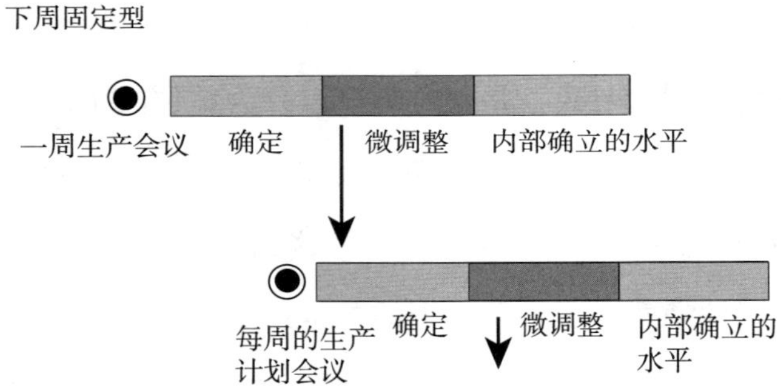

周生产会议

周生产会议是指为了制订周生产计划而举行的会议。在会议上，要讨论有关生产的销售情况、库存情况、生产进程情况、零部件原材料的采购情况以及员工出勤率的预测等情况，在此基础上制订周计划。

每天都制订计划是不可以的——生产计划的制订周期过短

很多人相信自己所在的公司是比较特殊的，要每天制订生产计划，想改变他们的想法是很难的。

(我们公司生产变化很大，长时间的稳定生产是不可能的。因此制订周计划是不现实的。该怎么办好呢?)

这些想法仅仅是他们个人的观点。在这里我想反问他们：那为什么还要制订生产计划?

(每天的生产计划都已经确定了。)

(每天？那如何采购原材料呢?)

(就用已经有的东西。)

(那样就只生产一些没用的产品了，有用的产品一个也没有了么？这样的话该怎么办?)

(是啊，那想听听您的高见。)

也就是说，每天制订生产计划的话就和实际上没有生产计划一样。

只有月生产计划也是不可以的——生产计划的制订周期过长

一部分上市企业，它们的生产计划是以两个月为单位的月计划。在这些企业，采用计算机管理生产已经很普及了。一旦计算机系统停顿，不仅生产经营管理会出现问题，就连原材料的采购供应等都会出现问题。

因此，首先要进行5S整顿。通过整顿，舍弃不需要的东西，该修改的要修改。在一年当中要进行三次整顿，通过生产方式的改革，把生产流程时间缩短2/3，省略不必要的时间，之后着手修改生产管理系统。之后，变革生产计划，把生产计划恢复到两周的生产计划，这大约需要一年的时间。

制订不可变更的固定预算也是不可以的——年度生产计划也是在变化的

很多企业进行预算管理。利用上年度末制订的年度计划来测量实际的工作效益。通过努力不断靠近设定的目标，从而取得很大的成果。但是制订年度计划的前提条件在现实当中经常发生变化。首先是企业生产环境变化的大小。比如，需求的激增或骤减、价格竞争的激化、原材料价格的变化。其次就是政治因素等的变化。这样就很难正确地把握生产环境。

也就是说，当出现新的情况时，就需对年度计划做修改。为了实现不恰当的生产目标而进行的生产活动本身就是在做无谓的劳动。更糟糕的是，当出现比预期更好的条件时，如果还是按着年度生产目标生产的话，就会失去将要到手的难得的机会。这是比生产环境恶化、没有实现预算还要大的损失。

34 把每天的生产作为目标的平均化生产

> 平均化生产是革新生产管理业务非常有效的手段。
> 通常企业把每天的生产都作为一种目标。

所谓的平均化生产就是指无论是生产数量还是生产种类都稳定均一。

如果每天的生产量都是一定的话，生产活动就会很平稳。但是如果每天的生产量在不断变化，为了确保人员以及物品的到位，以及准备生产高峰时期的所需，就必须想办法确保生产的顺利进行以及减少库存。

另一方面，从销售方面来看的话，销量也会不稳定，也很难确保固定的消费者。

关于这个矛盾，可以参考 P_{117} 图，可以分阶段地解决。但是一下子把目标提高到平均化的第 5 阶段的话，几乎是不可能的。应当根据自身的生产能力逐步把生产从第 1 层提高到第 5 层。

而且每天的生产目标实现的话，生产计划和原材料的采购也变得相对容易了。在生产计划当中，应当参考产品库存的多少来稍微调整一下当天的生产量，这样可以适应市场的变化。同时，材料采购也可以实现从供货商那里现场采购。

向标准化生产逐步提升的阶段

平均化生产

所谓的平均化就是指生产数量和生产种类
无论什么时候都是稳定均一的

平均化的水平

水平1

每月生产一次

水平2

每月生产两次

水平3

每周生产一次

水平4

每周生产两次

水平5

每天生产

每天生产多次

周期化生产

每天生产数量（模拟方式）（单位：个）

日期 商品名称	1	2	3	4
A	50	50	50	50
B	100	100	100	100
C	30	30	30	30

35　通过 PQ 分析，决定生产方式

由于生产量的不同，也决定了所采用的生产方式的不同。为了选择正确的生产方式，要进行 PQ 分析。

所谓的 PQ 分析法是指通过图标分析生产品种与生产数量的关系，来分析产品的数量特性的方法。

最近，由于销售量的变化，产品的特性也会马上发生变化。因此，通过定期的 PQ 分析，可以发现应当采用正确的生产方式。

步骤 1

如 P_{120}图所示，横轴表示产品种类，纵轴表示产品数量。产品种类按照生产数量的多少按顺序排列，在这里所谓的产品的种类是指，最终成型的产品如果不一样的话，就作为单独的产品。生产量通常是过去 3 个月的生产量。

步骤 2

通过 PQ 分析，把产品进行分类。把生产数量多的产品群作为平均化生产的对象。而作为制造业，则希望提升高利润产品的生产平均化的比例。

另一方面，可将生产数量少的产品群作为计划生产的产品。由于企业一般是根据每次的订购数量来决定生产的，因此在这种订购方式下生产的产品也叫作单次产品。这种产品在商业上几乎是不怎么赚钱的。因此需要在生产计划中把这种生意废弃，或者把它作为一种附属的订单生意。

而处于中间的产品群，由于平均化生产很困难，而且也很难像订单产品那样确定交货日期。因此，应当灵活运用库存，把它作为一种库存填补型的产品进行生产。

步骤 3

确立平均化生产产品，库存填补型产品以及计划生产产品的生产方式。

向标准化生产逐步提升的阶段

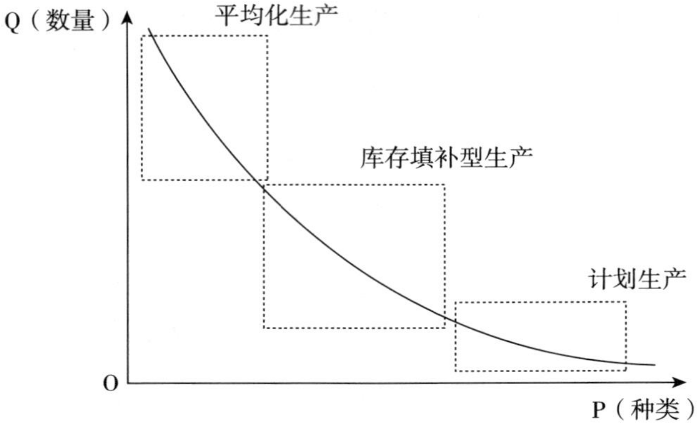

36 平均化生产计划的实现

> 平均化生产应当按照产品消费动向的分析、生产方式的改革、平均化销售这样的顺序来组织生产。

平均化生产使得生产管理部门的业务效率大幅提高。

现在分析一下生产管理部门的业务内容。如果所有的业务都可以在平均化生产的基础上实现，那么业务效率就会成倍地增长。为什么呢？因为现在的大部分业务都是在不断变更生产计划的过程中进行的。在平均化生产中，生产和原材料采购等都是稳定不变的，因此可以简化很多业务内容。

现在说明一下平均化生产的实现步骤。

如果可以通过销售业绩 PQ 的分析发现销售情况良好的产品的话，就可以进行平均化生产了。平均化生产实现的顺序：平均化消费的确认——平均化生产的确立——平均化销售的确立。

实行平均化生产的顺序

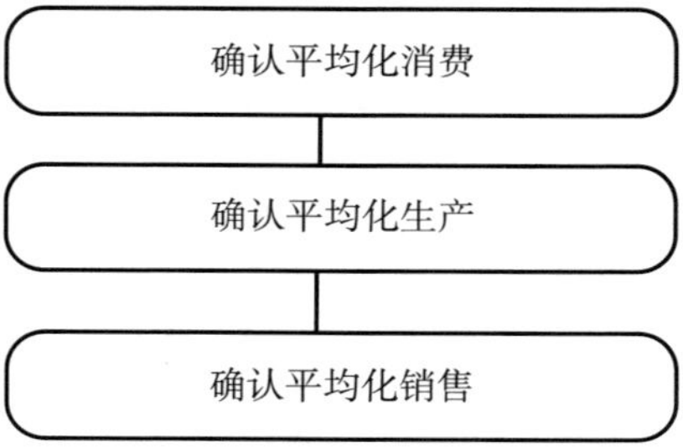

在这里，容易犯的错误是仅仅在生产现场的流水线上实现了平均化生产。令人更心痛的则是没有改善生产方式，仅仅做了平均化生产的生产计划。如果没有与销售相互配合的话就很难实现平均化生产。作为生产管理的业务内容，只有做好生产的相关的部署，这样才能实现平均化生产。

实行的第 1 步：确认平均化消费

确认这种商品是不是真的提高到了消费者平均消费的水平了。在这里，要通过排除了特别销售、季节变化、流行趋势等异常情况下的销售情报确认平均化消费。此时要运用真实的消费信息，也就是最终销售信息。

注意！

消费者们惊人地进行着平均化消费。因此即使商家有时能够一天卖出两天的份额但恐怕卖出三天的份额就没那么容易了。

试着思考，如果消费者不在特定的日子购买东西，只是在需要的时候才购买，还有在劳动力没有很大变化的情况下，所进行的消费应当是稳定的。

实行的第 2 步：确定平均化生产

确认了平均化消费之后，就可以进入平均化生产了。就相当于制订时间交货这种生产所代表的多品种少数量生产的生产方式。生产过程中半途而废，或者生产周期过长，这样都不能进行平均化生产。

注意！

如果前置期较长的话，就不能进行平均化生产。因此要改善前置期的安排。

实行的第 3 步：确立平均化销售

平均化销售是最后的步骤。只要实现了平均化消费和平均化生产，就可以进行平均化销售。

我们的工厂是什么水平?

企业顾问会经常巡视工厂。之后，顾问会被问：我们的工厂怎么样?

在S工厂，我是这么回答的："如果汽车行业的平均水平是高中生的话，那么，这里的水平就是小学一年级。"听到这番话，聚集在会议室的大约30多名科长、部长都很憎恶地看着我。但不管怎么样，S工厂员工们开始认真地讨论对策了。大约一年后，我又来到这家工厂巡视，之后召集大家开会。我说："大家干得不错，一年前我说过这是1年级的水平，但当时其实是幼儿园的水平。"这种情况是很常见的。

37 计划生产与库存填补型生产

介绍要求在短期内交货的两种生产方式。

计划生产

· 所谓计划生产：就是指生产数量不多的情况下生产产品的生产方式。

· 在经营政策上，是不能放弃的产品，零部件的生产就相当于计划生产。

生产的要素

· 是否让消费者与批发零售商意识到了这些产品的产量是少的。

如果认识到的话，从订货到交货，可以允许稍长的生产周期。

如果没有认识到，被要求立即交货，就需要有库存。这时候就要进行库存填补型生产。由于库存可能会积压，因此这种生产有很高的风险。明确交货时日，确保在要求的交货时间交货。

· 基本上从接受订货，就开始做生产计划和原材料的采购。按照精确的日期安排进行生产。如果在交货日期上有问题时，可以讨论减少中间步骤。

· 原则上，不应当有货物积压。

· 应当设想没有再次接到订货的情况。按照订货生产，不要有零头。在原材料采购上，即使单价有所上涨，也只能采购必要的数量。这样，可以明确原料上涨前的价格，尽可能地把涨价反映到生产商品的销售上。

· 为什么不能放弃这种商品的生产？

销售部门如果产品种类不丰富的话，在市场竞争中就会失败。因此在讨论是否放弃这种产品时，应当比较放弃时和保留时的经济价值。

一方面，在不放弃时，要确定增加营业额效果的比例；另一方面，要把生产数量不大的产品部门的无用功限制在一定数量，同时要限制准备阶段的工作量和导致生产恶化的不良因素。更应该限制生产管理部门的业务增加量。

此时，生产管理部门正确计算效益是很重要的。因为生产管理部门在管理非量产产品上会消耗很多时间。在假设没有这些情况下，算出的经济效益是决定是否终止生产这种产品的关键要素。

库存填补型生产

所谓的库存填补型生产

库存填补型生产虽然没有平均生产的数量那么多，但是要求短期内交货，因此这种生产方式适合突然出现的订购需求。

虽然单次的生产量不多，但如果多次接受订货的话，那么产品的库存管理也变得很重要了。

基本条件

· 实施周生产计划。

· 时时收集销售的反馈信息。

· 分析订货的情况，分清楚一般的销售信息与特殊的销售信息。

基本思考方法

· 是一种不定期、不定量的生产方式。

· 以库存量为基础，当适当的库存量下降时，要进行生产，以补充库存。

· 利用每天的平均销售量的数据，预测需要进行生产的时间。

（1）通常情况下

基本条件

· 有必要制订周生产计划。

· 每周重新审查一下生产计划。

· 对于库存量的把握，不仅是对自己公司的库存量，同时还要包括批发商的库存量。

要点 1　以一般销售为对象。特别销售要特别对待。

要点 2　预测每天的平均销售量是很重要的。一般情况下，利用每 3 个月的平均变化情况。

要点 3　在决定生产时，由库存量决定。

要点 4　在决定有一定数量产品生产的时候，由该产品所占的比例决定该产品的生产数量。规模不大的产品，按照实际数量决定。

库存填补型生产计划（一般情况下）

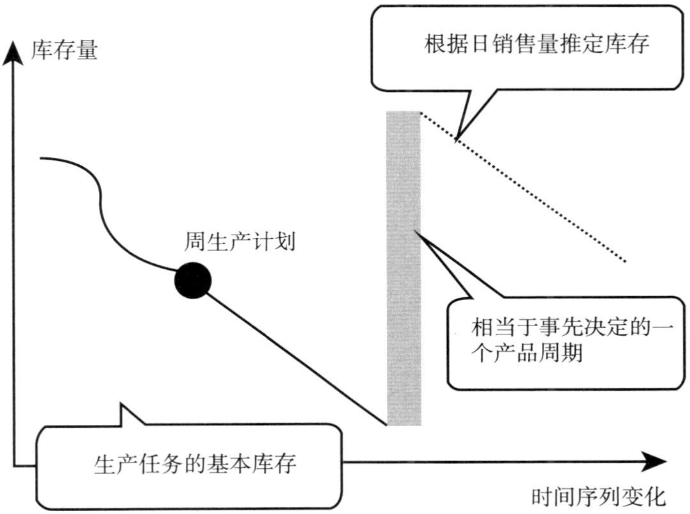

（2）在销售急剧增加的时候

①预见是否有断货的危险。在每周生产会议上，决定下次的生产日期。但是由于销售突然增加，就会出现断货的情况。有必要对此做好心理准备。

②做好应急预案。按照可能出现断货的可能性高低，排列产品。按照库存量同平均销售量的比率制订表格。参考当天的销售量同平均日销售量，进行检查核对。

③制订对策。首先制订可能有断货危险的产品的生产计划。

库存填补型生产计划（销售数量急速增长的情况）

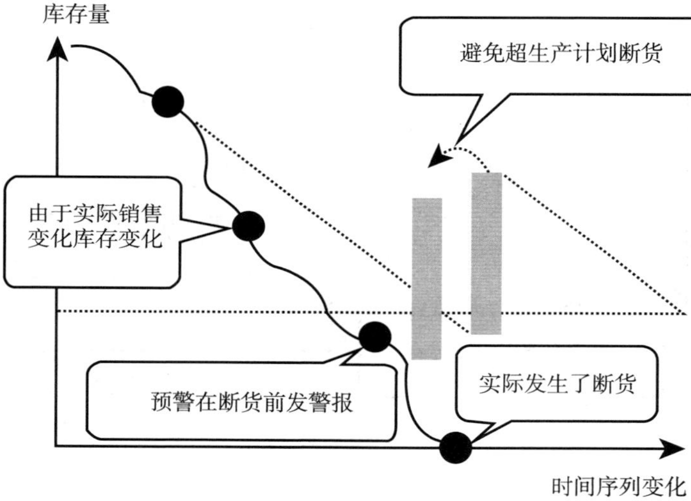

产品名称	平均月销售量	平均日销售量	库存	计划	批量生产	1 周一	2 周二	3 周三	4 周四	5 周五	6 周六	7 周日	8 周一	9 周二	10 周三
AA-021	909	30	500	500	生产库存率（%）	0	0	0	0	500	0	0	0	0	0
						470	440	410	380	850	820	790	760	730	700
						51	48	45	41	94	90	87	84	80	77
AB-011	3034	100	1200	1000	生产库存率（%）	0	1000	0	0	0	0	0	0	0	0
						1180		2080		1980		1880		1780	
						1680		1580		1480		1380		1280	
AB-021	300	10	288	200	生产库存率（%）	39	69	65	62	59	55	52	49	45	42
						0	0	0	0	0	0	0	0	0	200
						278	268	258	248	238	228	218	208	198	388
						98	89	86	83	79	76	73	69	66	1.29

销售警戒线一览表

制品名	当日销售量	平均日销售量	库存	比率
CB-012	258	105	323	0.1
DP-100	168	20	66	0.11
DT-110	98	55	314	0.19

※此表针对有可能出现商品断货而设置了销售警戒线。

每天按照库存率由高到低的顺序发布信息。

38 为了应对大幅度的变动，应当战略库存贮备

在平均化生产中，通常如果订货量超过了生产能力，那么之后就要动用库存，填补空缺。

如果平均化生产扩大了，那么生产机会也相应增加了。例如：每个月批量生产一次的产品，变成了每天都要生产的话，生产的机会就会扩大两倍（一个月的生产量压缩到20天生产）。

这样的话，理论上库存量就会减少到原来的1/20。平均化生产实际上带来了库存量的急剧减少。但是，这样一来，如果管理水平不提高的话，很难维持生产。就要采取特别销售对策。

在特别销售中，虽然已经提前知道了销售情况，但由于订货量超过了一般的生产能力，通常会要求员工加班等加以应付。如果还不能满足的话，那么就要求动用战略库存。

战略库存就是预见到特别的销售情况出现的情况下而设定的库存，这种库存不是自然形成的，而是有意识创造的。

选择战略库存产品

· 销售量很大而且稳定的产品。
· 在生产中能够广泛应用的产品。
· 可以不断升级更新、销售周期很长的产品。
· 与其把很多产品都少量库存，倒不如大量库存特定的产品。

战略库存的活用方法

· 对于特殊销售产品，在考虑交货期的基础上尽可能地把生产平均化。
· 战略库存尽可能地减少生产量，把它作为一种生产的延续。
· 在特殊销售产品生产完成之后，就要增加战略库存产品的生产量。

战略库存——当特别销售达到 400 个的时候

日期	10	11	14	15	16	17	18	21
特别销售产品	—	—	80	80	80	80	80	—
战略库存产品	100	100	20	20	20	20	20	100

39　易于操作的生产进程管理

所谓生产进程管理，就是指对生产是否按照生产计划进行确认。适时的业绩管理和实行对策都是很重要的。

为了把握生产进程，首先要确认生产计划。如果能像平均化生产那样实现稳定生产的话，生产管理将是非常简单的事。相反，每次订货都要做生产计划，对每种产品生产都做进程管理的话，会很复杂，也会增加很多不必要的麻烦。

实际操作的要旨

· 生产管理当中，采取对策才是主要的目的，仅仅记录业绩是没什么意义的。

· 生产进程管理原来不是生产管理部门工作人员的工作，而是生产一线监督者的工作，因此生产进程管理在一线来说是很好理解的。

当生产进程缓慢的时候，应修改生产计划。但在修改生产计划前，需要做一些工作，此时生产进程管理就要明确判断的基准。但是，当生产延期的时候，往往会出现混乱。

· 当经济大幅度波动的时期，生产管理要联合相关的部门，作出综合判断。

要点

具有代表性的生产进程管理方法

· 生产计划——就是把生产的业绩从生产计划表中抹去。这是进程管理的基础。
· 日程计划图——在横轴上写上日期，用直线表示计划，在线的下方写上工作业绩。
· 累计生产图表——把每天的业绩写入每日的累计生产图表，作为当月的生产进程管理。
· 邮箱法——每天或者按照生产顺序，设一些空的盒子，在要进行生产的产品的盒子里投上一票。

40 可视化生产进程管理方法

工作第一线的监督者，在生产现场实际运用的进程管理方法当中，有非常有效的方法。

在前面介绍的各种方法对于管理层以上的人来说已经足够了，但是对于一线的监督者来说还有不足之处。因此，在这里对在生产现场管理中非常有效的产出额管理板进行说明。

产出额管理板

在巡视生产现场的时候，一定要问的问题是：现在生产还顺利吧？例如，现在是下午两点钟，就应该知道下午两点钟的生产状况。如果发现生产进度放慢的话，马上查找原因，采取对策。如果生产延期的话，那么不仅要改善出现问题的地方，同时还要对配套体制和加班制度进行检讨。

生产进程管理的基本方法是及时地掌握状况，像以前那种以日为单位进行管理的方法已经不适合了，现在要以小时为单位进行管理。

为此，产出额管理板是十分有效的手段。每隔几小时就对计划以及产出进行计算，把计划产量同实际产量的差值写到产出板上。并且，可以写上每小时的产出和累计的产出。为了进一步地判断生产能力，可以写上生产产品所需要的时间，这也是很有效的手段。

使用的要诀：

（1）要确认每小时的产出量。

（2）如果出现正数或者负数的话那就是计划出现了问题。

（3）测定生产单个产品实际需要的时间，同计划需要的时间相比较，以此为依据修改计划的生产量。

（4）如果出现了负数结果的话，就要查清楚原因，来改善生产活动。

可视化管理——产出额管理板

循环周期：秒/个

	计划产量	实际产量	差值	备注
8：00~9：00				
9：00~10：00				
10：00~11：00				
11：00~12：00				
13：00~14：00				
14：00~15：00				
16：00~17：00				

41 库存的优点和缺点

库存是评价生产活动的指标。在了解库存优点的基础上，我们应当最大限度地减少库存。

在制造行业库存的有无可以说是体现企业实力的重要指标。一方面库存是很难减少的，另一方面如果过度减少的话，也会造成损失，浪费很多好的机会。

因此，库存管理基本上就是对于库存的历史、优点和缺点的说明。

关于库存认识的历史

库存就意味着财富

在同一种东西可以大量生产的时代，库存就意味着财富。这种观点是很流行的。在同一种商品可以销售出去的时代，库存销售出去的话就可以产生利益。但是现在这种观点已经不合适了。

通过经济规模决定最适合的库存管理

如果一种产品的生产规模过大，就会相应地增加库存费用。但如果生产规模小的话，生产费用等生产成本就会变大。因此，要认真地比较库存带来的利益、费用和附属成本的大小，从经济效益的角度决定最适合的库存规模，以此来确立库存的管理，这种理念已经确立。但是，现实当中，仅仅考虑到利益，没有计算库存费用，把附属生产成本的时间也当作了固定时间，没有考虑到这些问题。或者单纯从金钱数量上进行比较，与生产效率相关的各种指标相比较，削减库存费用的效果也很小，很容易被轻视。

以库存最小为目标的生产

如今，多品种少数量生产的时代已经到来，仅仅用库存产品的价值来衡量库存的作用是很危险的。随着技术的进步和畅销商品的变化，库存出现积压，甚至导致了企业破产，因此也就产生了库存就是最大根源的想法。

库存的优点是什么

（1）可以消化需求的变化。应对急剧变化的需求的变化，库存是很有效的方法。如果本来可以销售很好的产品，由于没有库存，就会损失机会，那样损失的不仅仅是营业额，同时也让竞争对手赚取了利润。

（2）可以缩短产品的生产过程。对于一些很难在短时间内采购到原料的产品来说，通过库存可以减少此种产品的生产时间。

（3）可以吸收生产活动上一些不确定因素（生产的偏差和原材料采购的偏差）。生产的延期和原材料不足，这些事情在生产过程中经常发生。为了限制这种偏差可以使用库存。

（4）在大量生产和大量销售的情况下，通过库存则可以降低成本。

要点

如果理解了通过库存可以产生经济利益的话，也将是十分有意义的。

库存的缺点是什么

（1）会掩盖其他问题。运输的失误、采购的失误、生产的失误等。这些问题都会被库存的存在所掩盖，这样也会使得其他相关的人失去改进问题的机会。

（2）会使资本失去流动性。这也是十分现实的危险。很多拥有大量库存却破产的例子，都是由于资金流动出现了问题。

（3）库存本身的问题。由于变质、贬值等造成的损失和库存的管理费用等。最近由于商品的寿命周期在缩短，很多完全卖不出去的产品也在不断增加。

要点

不要轻易地保留大量库存，通过改善库存可以强化生产体制。

42 切实可行的库存削减方法

库存可以分为原材料库存、半成品库存和产成品库存这三种。那么，应当按照怎样的顺序进行削减呢？

要点

为什么必须削减库存呢？

这是一种时代的趋势：商品的寿命周期在缩短、顾客要求的交货日期缩短、制造时间的缩短等导致了削减库存。

但是，利用库存应对需求的变化，在企业竞争中已经不能让企业取得胜利了。由于库存很大，导致了资金的周转困难，而且库存的很多东西逐渐变成了不能销售的东西。从以前的间接融资到现在的直接融资，筹措资金的重要性不断变大。好不容易筹措到的资金，如果简单地让它成为库存的话，那么经营本身就成了问题。

通过削减库存，改善生产活动，就会初步显现成效。在开始改善活动开始之前，有些人会提出反对削减的理由。例如会说库存有很多优点。但是，如果认同这些观点的话，改革就不能前进了。因此，很重要的一点就是，无论遇到什么情况，都必须坚决实行改革。

实现库存削减的步骤

注意！

有人会说：削减库存就是削减产品的库存，这其实是错误的。

削减库存不仅仅是简单地扔掉不要的东西，它也是改善经营活动的方法，因此必须进行。

从这可以看出，削减库存同改善经营活动的步骤是一致的。这个顺序也就是依靠企业自己的力量可以削减库存的步骤。

(1) 从削减半成品库存开始。这是由生产方式决定的。结果这成了其他库存削减的原点。削减半成品库存最有效的方法是保持生产的顺畅。

(2) 接着就是原材料和零部件的削减。灵活运用生产方式削减库存。由于是原材料和零部件的购买者，从供货商来看就是顾客，因此可以比较容易地提出一些正当的要求。零部件和原材料的库存削减的最有效手段就是生产的平均化。

（3）最后就是产品库存了。由于这是与顾客直接相关的库存，因此随意地削减，会给顾客造成麻烦。因此，应当灵活运用生产和原材料的采购，同销售部门紧密合作进行库存削减。削减产品库存最有效的方法就是制订生产计划。

以上可以看出，削减库存不是一朝一夕可以完成的。同时，削减库存也是生产管理部门的业务目标和行动指南。

削减库存的正确步骤

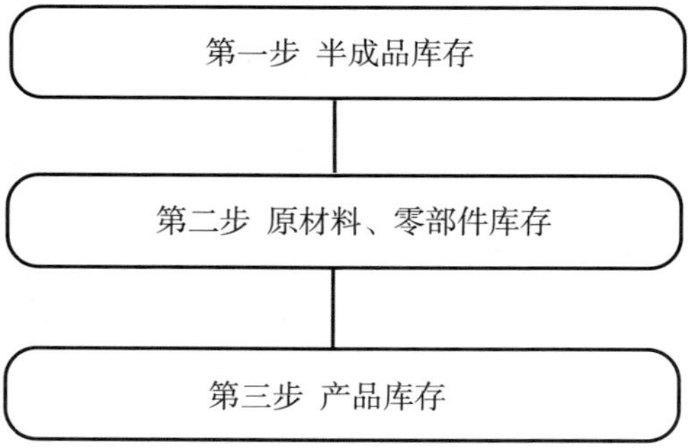

注

产品库存的责任分配

前几天，我与一位大企业的社长谈话时说道：好像库存很多啊！

是啊，如果不认真解决库存的话……

但是，为了削减产品库存，该如何分派责任呢？

是啊，应当是销售部门吧，前几天，我要求销售部门的部长尽快地拿出对策。

没有拿出什么对策吧？

是的。

那是因为你制定的对象错了。社长，销售部门的部长一直在努力地完成销售任务。

是吧。但是该如何分派这个任务呢？

那当然是生产部门的事了。

要点

为什么削减库存的责任部门是生产部门

削减库存应当按照半成品库存、原材料零部件库存、产品库存的顺序进行。因此，如果削减产品库存的话，那么生产方式的改革就成了基本要素。

生产方式的革新活动应当由生产部门担当。在销售部门当中最重要的信息是特别销售和即时销售信息。如果建立了收集信息的体系，那么生产部门就可以控制产品的库存情况。

以上可以得出，生产部门必须建立生产和销售相结合的功能。这就是生产管理技能。

大约有九成的经营者认为存在产品库存的责任在于销售部门。这在将来大量生产和大量消费的时代有些令人遗憾。

要点

生产和销售的会议在什么地方举行?

很多企业为了促进生产部门和销售部门的相互合作而举行会议。但是很多情况下并没有起到很好的作用，仅仅成了交流信息的地方。在很多会议文件当中，经过两部门长时间讨论决定的内容几乎没有。因此提议：生产部门和销售部门相互合作，共同削减产品库存。

提案1：把产品仓库放到生产工厂中。有的企业为了流通的方便把产品仓库放到生产工厂以外的地方。甚至在过去，有的竟放到自己公司总部的旁边。而原则上，应当放到生产最终阶段地方的附近。这样可以让生产部门绷紧自律的神经。

提案2：生产和销售会议在产品仓库进行。有“三现主义”这么一个词汇。就是指：在现场、看着现实的物、进行现实的处理。为了产品库存的削减、生产的延迟、滞销产品的处理、产品种类的削减等，进行舍弃讨论的时候，应当运用这三现主义。在现场看着现实的产品，即使悟性再低，也应当作出一些现实的处理。

注意!

偶尔丢开书本，在寂静的仓库中清醒一下头脑，采取一些改善经营的对策吧。

要点

从削减库存到活用库存

仅以削减库存为目标是有问题的。为什么呢？仅仅削减库存是不能改善经营活动的。这只不过是一个必要的条件罢了！

现在重要的是，紧跟时代，灵活运用库存。如果需求急剧扩大的时候，为了应对这种情况，应当灵活运用库存。

通过削减库存，得到了10亿日元的流动资金。现在开始，开始销售新产品的需求可能会很大，因此，增加产量中，有可能成为薄弱环节的零部件库存，应当从中取出1亿日元加以使用。

这种提案正是生产管理人员所期待的结果。

第3章

实践性材料采购管理

原材料调配的基本

实践性的原材料采购调配手法

通过计算机进行原材料采购调配的局限

原材料采购前置期的明确化

原材料采购调配前置期的谎言与真相

原材料采购是生产计划的晴雨表

所谓 MRP

……

43 原材料调配的基本

这里介绍从原材料订购开始到收货为止的管理理念。
目标是在使业务简单化的同时持有库存。

原材料调配采购的应有姿态

条件 1 不发生因为缺货而导致生产停滞的情况。

此为原材料调配采购的基本。

条件 2 削减原材料和零部件的库存量。

就最近企业的情况来说，这最为重要。

条件 3 尽可能以低廉的价格进行采购。

外购品在成本中占有很大的份额，在削减成本上非常有效。

条件 4 极力削减与管理相关的间接工厂。

间接业务的效率化成为今后最重要的课题。

条件 5 正确把握实际库存量。

虽然好像是理所当然的事情，但很多企业在每次清点的时候都会分析与理论库存的差异。

为了解决这些条件，怎么做才好呢？

（1）缺货是在库存极限的状态下进行采购调配时发生的现象，应该实施稍有宽裕的原材料采购。

（2）但是又被指示削减库存。为了达成该项条件，提高采购频率是有效方法。

如果是两天一次的话建议改为每天购入，库存量会减少一半。

（3）但是采购频率的增加会导致物流成本的增加，零部件厂商会要求提高单价。因此，需要周全考虑各种条件，这需要采购人员费心考虑。

（4）但是如果公司在原材料采购上花费时间很多，也会成为问题。怎么办才好呢？

（5）事实上，账面库存和实际库存并不一致。

总之，原材料采购调配的改善如果没有与生产方式、生产计划等相结合的话，是无法实现的。

44 实践性的原材料采购调配手法

本小节将对富有变化的实践性原材料采购调配手法进行解说。

现在，很多企业构筑的原材料采购调配机制，曾经是很有效的。但那是大量生产时代的机制，无法应对当前多品种少数量时代的生产要求。解决这一问题的决定性方法是“日本式生产方式”的导入。“日本式生产方式”强调生产现场的改善，这对原材料采购调配是非常有效的。

具体的推荐方法如下所示。

步骤 1　彻底的整理、整顿

[要点]

· 原材料采购调配的基本就在于整理、整顿。

· 通过整理，消除不需要品。

· 通过整顿，使得情况一目了然。

[顺序]

(1) 放置场所的层次。放置时不要使材料、半成品、产成品、工具等混杂。

(2) 自由位的设定。以 group（小组）为单位设定显示牌。

(3) 指定位的设定。以各自的原材料、零部件为单位设定显示牌。

(4) 定量表示平均每天的使用量（基本是，过去 3 个月使用量÷90)。

(5) 适当量的表示。表示最大量和最小量。

步骤 2　现场订购方式的导入

[要点]

· 不依赖账簿，在现场查看实际材料的数量后再订购。

· 导入均衡化生产，以每天生产计划的实现作为目标。

· 实现从原材料制造商的高频率采购。

· 首先以廉价原材料为对象，开展整理、整顿，与原材料采购相结合。

[主要方式]

(1) Double-bin 方式。准备两个箱子，当一个箱子用完时，采购该部分。

(2) 采购点方式。决定采购量，在采购点订购，不定期定量方式。

(3) 定期采购方式。定期采购不足的部分。定期不定量方式。

45 通过计算机进行原材料采购的局限

原材料采购负责人，不要成为计算机系统的奴隶。

认为通过计算机就能实现业务的顺利的错误常识仍在企业中延续。在原材料采购领域，这是很大的障碍。只有理解了这一点，才能真正开展业务改善。

以往，原材料采购的负责人必须了解原材料的构成。对每个产品的规格，原材料采购的负责人都必须牢记在心，因为常常有生产现场的人来询问，或确认。

时代在变化，在原材料采购计算机化很久的今天，采购负责人反而变得不了解原材料的内容。因此，产生了“计算百分百不正确”这样的“神话”。

现在，原材料的种类繁多，人们坚信以人为主角的原材料采购是不可行的。这更使得“计算机神话”根深蒂固。原材料采购负责人更变成了计算机的奴隶。这形成了恶性循环。

注意！

常见问题点

- 每次清点库存时都因为与计算机库存量的差异而苦恼。
- 设计变更太多，没有彻底地修正补充原材料构成表。
- 验收时，没有进行对购入品进行正确处理。
- 发生问题时，生产现场没有对不良问题进行妥善处理。
- 即使生产计划突然发生变化，也不能应对。
- 即使想削减库存，因为系统上的不合理而无法应对。
- 进项项目多，反而更花费时间。
- 即便是小金额的零配件，也需要大量的时间和账簿。
- 因全部依靠计算机，责任人甚至连原材料的形状都不知道。
- 计算机在进行怎样的操作连部门责任人都不知道。
- 异常处理的时间非常多。
- 出现的账簿很多，无法处理完。
- 本应该什么都可行，但什么都不行。

啊，太麻烦！想改变！

46　原材料采购前置期的明确化

为了使生产活动按照生产计划进行，最大的问题就是原材料采购前置期。

在确定的交货期内生产确定的数量。这需要与生产时间相吻合，尽力实现原材料采购调配。因此，原材料采购调配部门要与交货期相结合，进行原材料订货。这时，必须明确从订购开始到收货为止的时间。这段时间被称为原材料采购。

原材料采购前置期基本模式为 P_{162} 公式所示。这对于外部加工的管理也是相同的。

运用上的要点

· 通过与供货商的合作，明确基本日程。

· 使其与我方的生产计划同期，逆算基本日程，然后确定订购。这时需要与对方协调开动日等事项。

发生迟延的原因

· 订购方的问题点

在交货期设定上有不合理的情况（插入特急件、安排遗漏、设计变更等）。

· 供货商的问题点

生产能力超负荷、交货期管理的不完善、不良品的发生、两次外部订购的迟延等。

应留意的要点

· 在购入原材料的时候，要充分考虑对方的实力，需要设定与实力相协调的日程。有时候，也需要根据库存调整。

· 对于在购入时候有问题的供货商，事前要实施增加检查等先行管理。

原材料采购前置期 =信息前置期+生产前置期+购入前置期

HTH 信息前置期：从我方发出订购信息被供货方受理，

直到与生产计划相连接的时间。

生产前置期：指在供货商处进行作业的时间。这其中包括原材料采购、检验产品、包装产品、出货处理等的时间。

购入前置期：从供货商出货到我方购入接收为止的时间。

47　原材料采购前置期的谎言与真相

在关于原材料采购前置期的通常的说明中，如果不注意的话，就会掉入陷阱。

前项说明的内容，通常都是如前所述的情况。但是在像现在这样短交货期时代，这并不是十分起作用。结果，还是有必要保有很多的原材料库存。

注

一部分上市企业“不可思议的故事”

“产品C的采购前置期为3个月，根据这一时间我们的生产计划就确定了。因此，生产计划是在3个月之前确定。”

“哦，这样的话，还有很多产品C的库存，并且其中大部分已成为无用的东西了。而且生产计划还频繁变更，真是乱七八糟啊。”

“哎，确实是这样。因为我们被告之从订购到购入最少也要花费3个月时间。”

对生产现场来说，单单是库存也要数十亿日元，如实行整顿的话又会产生3亿日元的无用品。生产计划变更也成为家常便饭，因此生产迟延也会频频出现。

这实际是因为原材料采购前置期的“谎言”而导致的。

像刚才的一部分上市企业，基本上销售已被设计好的固定商品，也就是说是可预见性生产。此外，关于接订单也是基本在 IC 基板基础方面也被标准化，因此预见性生产是可能的。这种情况下，正确的原材料采购前置期和下面公式所示的刚才的定义是完全不同的。

原材料采购前置期=原材料购入频率

但这也是有条件的。即生产是均衡化的。

根据生产计划的形式，原材料采购调配也会完全不同。实现均衡化生产的最大的目的就是使该原材料采购前置期向购入频次转化。

48 原材料采购是生产计划的晴雨表

> 一旦实现了均衡化生产，原材料采购计划也变得简单，随之购入也趋于稳定。

设想每月1次生产与每日平均生产。

例如，本月生产2000个，下月生产3000个。如果每月生产1次的话，则1天提出生产2000个的要求。供货方根据该交货期，正好生产2000个。下个月，以另外的批次与交货期吻合，正好生产3000个。但是，对于供货商的对方来说，成了完全的接受订单式生产，需要原材料采购前置期。

一方面，每日平均生产的话（以20天的开动日计算），本月每天100个。下个月为110个。因此，购入频次设为每天1次，本月每天100个，下个月每天110个逐天购入。供货商也因为购入量的偏差小，成为可预见性生产。

另一方面，为了进一步显而易见，将生产计划与购入计划做成表格，显示某一周内每日的推移情况。

每月 1 次生产的情况（表 1）

购入者即使是想进行均衡化生产，因为只有 1 个月 1 次的购入机会，不得不保有库存。结果是，成了 1 个月 1 次的生产，变得不能应对变动。

每日平均生产的情况（表 2）

购入者进行与实力相匹配的均衡化生产。如果进行每天平均生产的话，则最多持有 1 天的量（100 个）就可以充分应对变动。

表 1（每月 1 次生产的情况）

	1	2	3	4	5
生产量	—	—	—	1000	1000
购入量	—	—	2000	—	—

表 2（每日平均生产的情况）

	1	2	3	4	5
生产量	100	100	100	100	100
购入量	100	100	100	100	100

如何理解“原材料采购是生产计划的反映”

均衡化生产最有效的成果其实是原材料采购。因此，原材料采购计划变得简单，购入也变得稳定。最高兴的是采购者，可以按照自身情况来组织生产。

如果不擅长安排生产的话，则每月 1 次的批量生产，肯定是或多或少地要持有库存来订立生产计划。如果擅长生产安排的话，则每日平均生产几乎都会和我方采取同步。

另外，设想销售多少发生变化的情况。例如，销售数从 100 增加到 115 的话，购入也要变化到 115 个。每月增加 15 个。对方如果持有每月 1 天的库存（=100 个）的话，则约可以应对 1 星期的生产，同时也会计划到下次的生产中。

如果每月生产 1 次的话，需要作为另外 1 个批次与对方协调，什么时候可以生产那部分都是对供货方提出的价格、购入频次等购入条件的变更。这不是对对方一方的要求，要认识到扩大销售、均衡化生产等是我方要做的努力。应该推进使 WIN-WIN 关系成立的条件变更。不能让原材料采购的理解不足成为改善的障碍。

"无论如何，先干起来！"
——什么时候都是万事开头难

这是十几年前，某企业的原材料仓库中发生的事情。

组装生产线，在完成品包装时使用纸箱。已经在推进均衡化生产，有的机型是每日平均生产。可是我在巡查原材料仓库时，发现库存居然有3天的量，于是去问一个熟识的原材料责任人。

"好不容易实施了每日平均生产，3天的库存量有点多吧。"

"哦，但是，这还是请供货方帮助才减少的。如果不是5天的量总括性购入的话，我想单价也会上升。"

"那这个供货商是以什么样的频率来我们这里呢？"

"我们也大量购买这个供货商的其他货品，所以几乎每天都会来我们这里。"

"那么，就请把每天必须的数加进去。成本不会上升。"

"但是……"

"无论如何，干起来！这是命令。"

由此，改善开始了！

49 所谓 MRP

通过计算机的原材料调配采购实际上是 MRP，但据说最近进展不顺利。这是为什么？

MRP 是 Material Requirements Planning 的缩略，即原材料所需要量计划的意思。1970 年以后成为很多企业急速普及的管理手法。

要点

“生产管理系统被称为 MRP”的理由

利用经验与感觉发出订购后，再依靠实行水准来调整的原材料管理历史被 MRP 大大改变。

因为该逻辑充其量是理论性的，因此防止了原材料订购者因担心缺货而按照各自的估量而订购的情况。

另外，充分利用计算机和互联网，利用所积累的信息，提高各种扩展管理、事务处理生产性能。

MRP 的基本逻辑

MRP 是以生产计划为基准而开展的到原材料订购为止的逻辑。用生产计划订立的产品及计划的基础上，嵌入以技术性角度订立的零部件构成表，计算相对于计划原材料的总需要量。

接着，减去剩余库存、剩余半成品、剩余订货，计算实际需要量。以该实际需要量为基础，利用品种所设定的要求批次尺寸，汇总到适合安排的批次中。更进一步，相对于生产交货期，利用采购调配前置期做成订单，与原材料订货连接。

为了 MRP 的正确运营，需要满足几个条件。

MRP 导入所需要的条件

(1) 切实地制订生产计划。

(2) 零部件构成表经常地补充修正保持最新状态。

(3) 正确把握库存状况、半成品状况、订货剩余状况。

(4) 正确设定批次汇总、采购调配前置期，根据情况的变

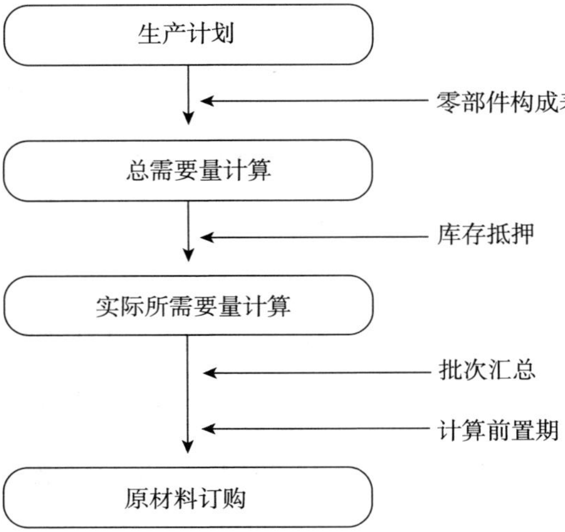

化，补充修正。

进一步，随着时代的变化，产品种类会增加，新品种的生产频繁。维持 MRP 所需要的时间不断增加。因此很多企业的生产开始凸显了 MRP 的缺点。

MRP 的局限

· 随着新产品产量的急增，迫切要求制定零部件构成表。设计变更也在增加，零配件构成表不能正确保证。另外，间接工作花费很多时间。

· 批次汇总时间、采购前置期是一定的，不具有柔软性。结果导致库存增加。

· 采购前置期等的基本单位是以日为单位，不能进行以小时为单位的多频次原材料调配采购。

· 连小配件也添加到零部件构成表中。一个 1 万日元的零配件与 1 个连 1 日元都不值的零部件按照同样水平管理是有矛盾的。

· 想改善组织，但都要相结合到经营管理处理，很不简单。

· 处理周期以月为单位，时间较长，不能追踪变化。

· 长期依赖账簿的业务运营，严重脱离现场生产。

曾经是生产管理系统核心的 MRP，今后再根据与从前一样的定位来使用就变得不可行了。最近，由于添加了供应商链管理、销售预测的生产计划，更加被人所注重。这也表明生产管理的中心从日常工作转向应对时代变化。

50　从 MRP 开始的发展

在 MRP 逐渐失效的过程中，需要实践性改善的方法。

因为 MRP 失效，所以想要进行机制的改善。但需要在已经花费了数亿日元的基础上，还要花费更大的费用。如果想终止 MRP，那就只能用这种系统工作。即使是手工作业，这也要花费非常多的时间和工作。或者也会四处碰壁。

现在说明在这种状况中改善机制的步骤。

步骤 1　导入现场订购方式

如先前所说明的一样，从彻底的整理整顿开始，导入现场订购方式。

步骤 2　使系统空转

这里存在问题的是与 MRP 系统链接的经营管理处理。作为过渡阶段只能通过手工作业进行处理。虽然暂时很花费时间但只能坚持做。

目的是减少因为 MRP 系统而购入的原材料。当前，被现货订购的原材料也可以从零部件构成表中抹去，但即使是残留在零部件构成表中也会从采购对象中被排除，因此不需要修改补充。力图从依赖 MRP 的原材料导入中逐渐摆脱。

总之，不要一下子进入到新架构中，使系统空转下去。

步骤 3　计算机方式下的重点原材料管理

小型轻量化的时代。首先，从计算机水平的简单且自主的系统制作开始。绝不是直接与经营管理处理结合，力图逐步扩张系统。这种情况也是生产方式革新的要点。

MRP 中残留有对供货商进行先行所需提示这样重要的作用。从这个观点来看，预测今后这个功能也会继续保留。但是，确定的购入指示仍通过现货订购、重点管理的方法来另外进行。

总之对 MRP 的全面否定或肯定都是不对的。不是 MRP 本身不好，是时代在不断变化，要充分认识这一点，保留优点，不断改善。

51　看板方式是为了现货管理

要充分理解作为现货管理的基本而产生的“看板方式”的特征。

看板方式作为丰田生产方式的核心手法而被众所周知。并且，生产指示、购入指示所使用的“看板”也很有名，多被作为原材料采购调配的一种方法而介绍。但是其本质是以现货管理为基本，在生产现场为了提高生产性能和实现削减库存而产生的。

看板方式的内容

每个配件按每个定量制作一张单子，贴在各配件的容器上，员工将其使用、撕下，交给前工序。与此相对，前工序生产所需数，供给后工序。以后工序领回为前提的方式，所使用的单子叫作“看板”，因此被称作“看板方式”。

看板的功能

(1) 作为现货单的功能：在原材料上贴着时的状态。

(2) 作为操作指示的功能：从原材料上撕下时的状态。

(3) 把握库存量的功能：看板空着时的状态。

看板方式的目的

(1) 提高生产性能。通过观察“看板”的滞留状况，以生产现场的第一线监督者为首的成员能把握生产的状况。因此，可以自主判断，也可以开展自主活动。

另外，还可以自主进行生产调整，就不再需要工序管理等间接工作。

(2) 削减库存。通过“看板”可以很容易地把握库存。另外，可以防止生产过剩，确保适当的库存量。

要点

为了正确运营看板方式

(1) 推进整理、整顿

看板上有整理、整顿的延长线。提高了整顿水平，才能设定适当的数量。接着，有现货订购方式，其中也有订购点方式。实际上，这是看板方式的原点。

(2) 导入均衡化生产

生产每天都会发生变动，即使导入了看板，也会运转不顺利。特别是没有实现均衡化生产的企业，利用看板进行购入指示的话，购入量会发生很大变动。因此，必须是供应商保有不必要的库存。进一步讲，也可能被承包商左右，需要十分注意。

(3) 推进计划性改善

即使是均衡化生产，与此相对，不仅仅是供给批量部门不进行切换准备改善而导致效率偏低，还会引起缺货，生产不能完成等，因此会有乱发“虚假”看板的危险。那样会导致库存堆积如山……

(4) 不良率接近0

如果有不良材料的话，则这部分数量的生产量会出现欠产。每次出现不良，欠产都会无限地继续下去。这也在于看板。结果是，不断的“虚假”看板，则库存会堆积如山……

(5) 开动率接近100%

设备在应该开动的时候开动叫作“可动”。100%是原则性的。如果这个水平很低的话，则会出现“虚假”看板。

与咨询导入看板方式相比，停止模仿看板方式的企业要更多些。这也证明，形式性地想导入看板方式的情况很多。看板方式下生产水平被提高到某个程度以上时，是可以褒奖的，也是可以活用的架构和正确的定位。

看板方式的特征

(1)“看板方式”是以库存为中心的生产管理系统。

(2)“看板方式”是通过用眼睛观察来管理的系统。

(3)“看板方式”是扎根于三现主义的管理系统。

(4)“看板方式”是以生产现场为中心的自主运营系统。

52 与供应商构筑良好关系

选出很好的供应商，保持互惠关系是原材料采购调配的基本功能。

选出可以将好的产品以低廉价格并按照交货期交货的供应商，保持互惠关系非常重要。

注意！

试着调查成本构成……

哦，外购件所占比率出奇地高！
很多企业，一旦试着调查的话，就应该会察觉的。

那么，怎样才能与好的供应商保持很好的关系呢？以下就是步骤！

（1）确定采购方针。需要以原材料所要求的品质基准为中心的层级。对产品来说很重要与不重要的原材料，要明确区分。

接着，采购时的购入方式（=订购方式）如何操作？

这是由生产方式与原材料单价决定的。对于均衡化生产的产品来说，希望是多频次购入，但物流成本又成为问题。另一方面，计划生产产品的采购前置又成为问题。总之，不能把握本公司现在的生产力和以后的方向，就不能确定正确的方针。

（2）市场调查。每个原材料有哪些购买地？其生产力如何？品质、成本、交货期方面作出正确评价需要日常的努力。更重要的是，要保持应对时代变化的柔韧性。

（3）实施技术指导。其目的在于技术指导的彻底化。代表汽车制造公司的该方式，在掌握能够接受严格的购入条件的生产力之前，要持续进行培养。但是，为了有效实施技术指导，必须事先提高本公司的生产力。只是名义上的技术指导，反而会给对方带来麻烦。

技术进步变革以及全球化，也给供货商之间的关系带来很大的变化。例如，技术进步变革推动着“水平分工”。零部件制造商也由于单元化，在提升附加价值的同时，也以具有在业界压倒性竞争力为目标而进行改革的动向。正确辨识在零部件制造商中如何制胜的组合，也是今后的重要的经营性要素。此时，以全球化视点所必需的原材料的种类也变得多了。

53 外部订购的目的与利用要点

这里按照各自的目的，将外部订购采购利用的要点分为3部分来介绍。

外部订购与采购一般按照是否可以将图样、规格书等提交给对方来分类。因此，外部订购就是委托制造这样的关系。

1. 成本下降

一般情况下，利用定价较低的外部订购成本是降低成本的方式。

需要判断本公司成本是否高于外部订购成本。

关于成本的注意点

其一，正确的本公司成本

①不要简单地把经理管理计算应用在经济计算上。例如，在

经营管理计算上被使用的成本包括了没有受设备折旧费、各种经费等生产变动影响的固定费用。

②不景气的情况下。是指没有工作的情况。即使是将本来委托外部做的工作做了，也等于是在等待时间（等待生产恢复景气）。因此，在经济计算上考虑成本时，设定为零即可。

③人手不足的情况下。是指将自己不能完成的工作委托给外部。设想自己公司勉强实施生产的情况下所花费的成本。如加班费、兼职人员费等。

要点

公司成本根据生产能力与需求之间的关系而变化很大。

其二，种类繁多的外部订购成本

实施外部订购的话，除了单纯支付外部订购成本以外，还要花费很多费用。从负责向外部供货商下订单的工作人员的费用开始以及在购入检查上花费的费用，以及因为增加库存而花费的费用等。

其三，今后的成本改善

如果是内部生产的话，通过改善活动可以削减成本。特别是如果实施生产方式改革等大幅度的改善活动的话，甚至可以使年度成本削减 10%～20%。但如果是从外部订购的话，基本上成本是被固定的。

外部订购真的便宜吗?

这是与 B 公司的原材料管理部长之间关于外部订购的对话。

“还是外部订购比较便宜啊。每份 20 日元吧。”

“这个，一个是以多少份签订合同的呢?”

“哎，10 份吧，如果是公司内生产的话，大概是 7 份左右，可是……”

“公司内生产性能也还是很低啊。但是，怎样检查呢？不良品情况怎么样?”

“进行全数检查，偶尔会有不良品。”

“但是，负责外部订购的管理人员有很多人吧!”

“是啊。”

“交货期会迟延，指导也很费事，还要经常加班吧。”

“是啊，这已经……”

“真的能赚钱吗?”

2. 生产能力的调整

随着生产变动，为了应对超出能力部分的生产而调整生产能力。这里的要点就是：

①用长期性的视野来判断。如果每个月都变动的话，互相都会造成损失。

②不要出现中间工序。如果工序的前后发生停滞，则会连带导致库存。

3. 专业技术的活用

对于镀膜、涂装等公司内不能进行的部分，要探讨包括设备投资在内的成本条件。最近，也开始向 Out-Sourcing（公司外零部件采购）方向展开。

今后的外部订购活用

以往以降低成本、能力调整等为目的的外部订购活用，随着时代的变化，其内容也在不断变化。

在时代变化剧烈的业界，制造 Out-Sourcing（公司外零部件采购）已成为常识。因为在激烈竞争的业界里独自继续保持制造部门已具有极大风险。成长起来的制造 Out-Sourcing（公司外零部件采购）领域内很多企业可成功地承包多半的生产，也可回避因占有率变动而导致的风险。在这样的业界，避开制造 Out-Sourcing（公司外零部件采购）的活用是行不通的。

进一步，也有成长到甚至具有设计功能的制造 Out-Sourcing（公司外零部件采购）。作为要取胜的商业模式的一个需要考虑的条件，固定化的、很难产生差别化的制造功能、设计功能的外包已逐渐成为必然。

第4章

维系改善的生产管理

生产管理的种类和评价的方法

标准时间的构成和活用

变成可以使用的标准时间

今后的标准时间管理

标准作业的构成和活用

练习使用标准作业表

54 生产管理的种类和评价的方法

评价生产是否高效进行并且加以改善的活动就叫作生产管理。

在企业竞争日趋激烈的今天，提高生产性能变得愈发重要，这是因为在价格竞争的出发点上存在生产性能的竞争。

关注在时间值上生产性能水平的推进也是非常重要的，如果在生产现场，改善活动能够稳固地推进并持续提高的话，那就是可取的。可是如果在近一段时间，由于生产环境的变化而导致生产性能下降的状况时有发生的话，那生产管理者就有必要好好地领会一下作为掌握生产水平的生产性能的种类和评价了。

何谓生产性能

生产性能就是根据生产活动评价投入了多少资源（人、

物、设备）、产出了多少结果（产品）的这一比例关系。

生产性能=产出量/投入量

生产性能的种类

生产性能的种类，由于投入资源的不同，评价方式而各不相同。大体上，在判断的时候，基准就是直接用分数的形式。并且，如果牵涉到活动的时候，就应结合标准，寻求数值表示。

创造利润（赚钱）

企业活动的目的就是创造利润，因此，掌握和改善生产性能是非常重要的。但仅仅追求这些，还远远达不到理想的效果，必须从钱的角度来评价生产性能。比如，由于技术的进步和全球化，生产性能评价的基本发生了变化。即使是劳动生产性也必须把各个生产地的薪金差异都考虑进来，用包括间接作业的生产性能进行测算是非常必要的。总之，现在必须用更广阔的视野来评价生产性能。

劳动生产性

以人为对象，评价生产性能的尺度
劳动生产性=生产量/工作人数
工作效率=完成时间/总实际劳动时间

材料生产性

相对于原料的投入，产生了多少的产品，这一评价尺度
材料生产性=生产量/原材料使用量
成品率=产品重量/材料使用量

设备生产性

设备能否正常工作的评价尺度
设备生产率=生产/机械台数
设备的运转率=实际运转时间/负荷时间

提高生产性能的方法

提高生产性，有以下两种方法：

（1）同一产出量，尽量让投入量最少来实现。

（2）同一投入量，尽量让产出量最多来实现。

在这里需要注意的是第二种情况。只要是生产出来就能卖，这样也可以。但如果不和销售额挂钩而只计算库存的话，就会导致企业业绩恶化，因此，现在所谈的生产性提高只限于第一种情况。

注

厂长们，那样不可以——提高生产性能和削减库存的关系

这是印刷业和铸造业的批量生产部门经常谈论的一个话题。已经管理企业一年了，印刷部门负责人正在一筹莫展。

“怎么了，这么闷闷不乐的样子。”

“唉，前几天在工厂的生产性会议上被厂长训斥了，其实是这么回事：为了使单个阶段进展顺利，我们把批量生产规模缩小，增加了分段的次数，结果导致生产能力下降了……”

“然后怎样了？现在印刷部门不是在加班吗？”

“是啊，早就开始了，每天多加两个小时的班呢。”

“怪不得呢，厂长是不是想要减少加班的时间呢？”

首先，在不降低生产性能的范围内减少库存，和不断加班的方法一起使用结果会怎么样呢？然后再和厂长进行行动计划的会谈。

整理好了替代方案后，我去和厂长谈话。

“厂长，印刷部门的生产能力提高和削减库存的关系，您是怎么样认为的呢？”

“那……是对立的吧。”

这是工厂最高级别会谈中经常出现的发言。总之，这一问题很棘手，双方关系往往是对立的。但是，这样一来工作就无法进行下去了。因为，不管是提高生产性能还是生产革新，对于行动计划都是非常必要的。把自己的能力和整体的方向性相结合才是领导所要求的。

这就是这类问题的正确答案。

究竟是生产出来就能卖的产品太少了，还是生产出来却卖不了的库存太多了呢？根据不同的表现，采取的措施也是很不一样的。如果是库存不足，就需要提高生产能力，具体来讲就是提高产量，这对扩大库存是非常有效的。如果是库存货太多，那就应该采取以强化竞争力和健全经营体制为目的削减库存的行动。

以上内容不只是原则上的论述，正确判断形势从而作出指示命令是不可或缺的。同时，上述内容也不单单针对个别指标的管理，而是要采取以创造利润为目的的姿态，这是非常重要的。

55 标准时间的构成和活用

> 标准时间作为衡量和改善生产性能的手段是非常有效的。

标准时间可以说是正确把握生产现场实力的根本。即使专家想了解生产现场，也必须掌握标准时间的方法。

标准时间的定义

所谓标准时间，就是标准作业者在标准条件下以标准速度来完成工作所需的时间。

（1）标准作业者：拥有某项工作所要求的熟练程度和适应性的作业者。

（2）标准条件：运用既定方法和设备的作业环境。

（3）标准速度：在正常条件下工作的速度。

标准时间既不是平均时间也不是估计时间，而是指应有的时间。因此，标准时间并不是谁采用后都能完成任务的时间，而是在标准作业的条件下，通过工作训练而达到的时间。

另外，标准时间必须提高制订的水平，之所以这样讲，是因为标准作业的自身水平在逐步提高。可以这样说，标准时间的水平代表了该企业的生产力水平。

标准时间的构成

标准时间是以 1 天作业持续进行为前提的。因此，闲暇时间要加以考虑。只是在组织工作的时候，必须要用实际工作时间。标准时间的构成可用以下公式来表示。

标准时间＝实际工作时间+闲暇时间

＝实际工作时间×（1+闲暇率）

实际工作时间：以标准速度完成标准作业所需的时间。

闲暇时间：指在作业执行时在工作上、生理上、管理上的间歇、调整、休息所需的时间。

标准时间的活用

(1) 对于生产现场的管理。包括效率管理、组织工作、人员分配计划、把握技能训练等方面。另外，由于计划变更、技术对策、提高活动等因素的影响，常常导致标准时间发生变化，因此，该时间值也可以对提高效率或者改变对策等做出定量性的把握。

(2) 对生产管理的计划。包括对人员计划、设备能力的讨论，日程计划的制订等生产计划的根本因素。并且，对生产管理的计划已被应用在成本管理上。

56 变成可以使用的标准时间

有目的地熟练使用标准时间比它的精确度更重要。

注

标准时间不受欢迎、不能使用

以设定管理标准时间为主要工作的工业管理者通常被以为是企业中的税务工作人员或警官一类的人。

另外一种看法，认为制订标准时间有些费事。对于正确的标准时间的讨论和制订，关键在于相应的改进活动是否能够进行，这需要企业管理者加以考虑。

能够看出来标准时间有被轻视的倾向，不能理解从确定工作到设定工作时间这一过程的工作也在增加，甚至连用秒表实测观察作业的事情也不怎么做。

的确，用束缚于定义的标准时间进行管理很困难，因此，在这里我想就能够使用的标准时间进行管理提点建议。

标准时间是个尺度，主要目的是提高劳动生产性能，并且每次都要求相同的精密度。

比如说：在勤务体制的计划上作为目标使用的标准时间就不要求那么精确。可以在相关的工程中使用。

重要的是熟练的过程，通过活用产量管理班（每小时的产量），用秒表反复进行实际测验，集中力量来发现问题，并推进革新的发展。

标准时间的目的

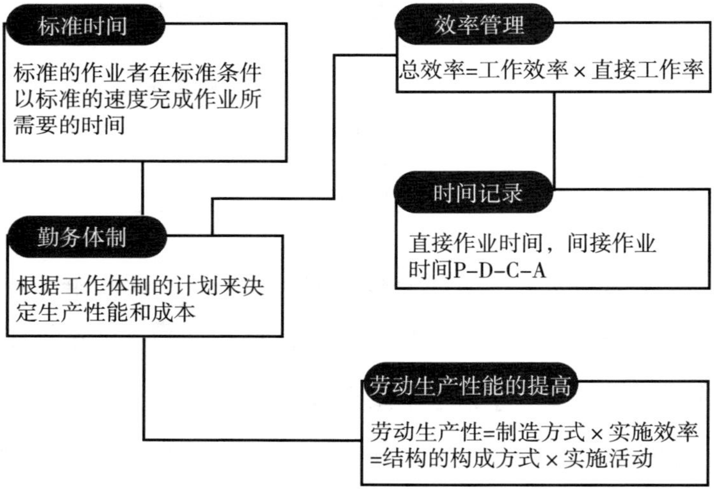

57　今后的标准时间管理

新的标准时间管理，在生产现场以自主运营为目标，在其他方面以设计水平的生产性能的提高为目标。

生产现场自主运营的方向

向着简单化管理

标准时间是尺子，对它的管理应该简单化。比如，在测身高的时候没有身高测量仪将无法正确测量，但是，如果只是想要一个大体的标准的话，用旁边的树枝测量身高也可以。

从理论型向实践型

重要的不是制作尺子而是测量。由标准时间到实测时间，由验证到改善，这就叫作生产现场的自主运营。如果通过客观评价能够持续掌握人均产量粗略的指标就会比较好。

从微观到宏观

对 1 万份单位中的 1 份单位进行分析作为提高方法的研究或许会有效，可是对于生产现场来讲不太合适。在生产现场，每小时的产量正好。也是因为这样，因此产量管理比较有效。

设计水平的生产性能提高的方向

对于标准时间的设定

作为目标的标准时间，根据已被决定了的零件件数和缔结方法，利用这些物理的条件确立谁都可以用的时间来设定方法，这样设计开发部门就朝向自主运营。

对于生产设计的配合

通过设计标准时间管理使库存零件减少，简便的缔结方法便成为可能。并且通过和“生产容易性评价法”的配合，使源流的生产性能的提高成为可能。

制造业发生了很大的变化，经营战略和商业精英所代表的经营水平受到了重视。

这正是令人担心的地方。一直以来，标准时间管理在制造业作为调查功能是被理解的思维方法，但没有被正确地继承。标准时间管理可以说是其中的代表。希望能再一次确认标准时间的根本之处，面向将来努力使其成为有效的工具。

58　标准作业的构成和活用

解释一下在生产现场最重要的标准作业的制作方法和应用。

标准化的必要性

企业中有很多人在工作，那么大家是怎样合力工作，由此使企业的力量也发生了变化呢？同一工作，渐渐地谁都能在短时间内完成，这样企业在将来才能生存。较低费用的自动化、海外外包生产、灵活的生产体制等，使这些因素顺利进行的关键就是工作的标准化。

标准化的目标

人们在企业中的劳动分为重复劳动和非重复劳动。非重复劳动需要人们的判断能力，与此相适应的知识和经验是非常必要的。

所谓标准化，针对的就是重复劳动。这和企业的进步一样，都很重要。因此，标准化是必要的。

标准作业的对象和形成方法

标准作业的对象

对象是重复进行的工作

标准作业的形成方法

所谓标准作业最好的方法。但是不会一开始就设定了最好的方法，必须经过以下几步。

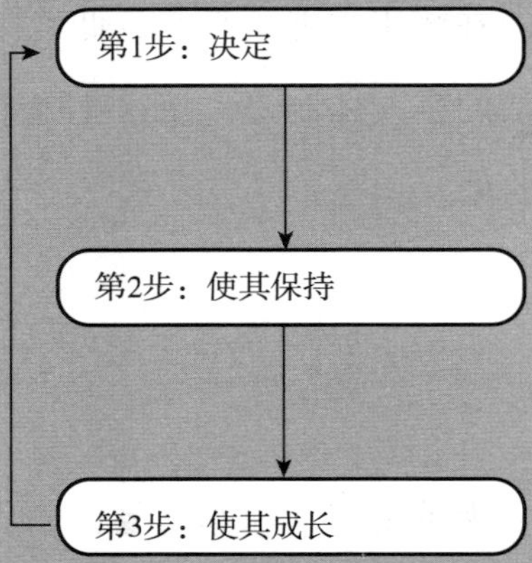

标准作业的4要素
（1）循环时间
（2）标准工作量
（3）作业的顺序
（4）作业的关键

59 练习使用标准作业表

> 在工作开始时，不要以生产完美的产品为目标，要致力于生产具有使用价值的产品。

在生产一线，我们可以看到大量的账簿，但实际情况却是许多账簿都是空架子。典型例子就是标准作业表。虽然大家都清楚它的重要性，但事实上……这里，将介绍一下实践中标准作业表的制作方法。

制作标准作业表的窍门

标准作业表是描述标准作业方法、作业条件、作业技术知识、作业编程等。它的制作要花费一些时间。因此，从所谓具有使用价值的产品的角度来讲，就是要有张有弛。

在开发新产品的繁忙时刻尤其需要标准作业表。所以要尽可能地利用迄今为止的成果，只需在有变动的作业上下工夫就可以了。

再者，应使用照片等工具，使之一目了然。并挑选出基本技能，使之标准化。虽说是改头换面，也并不是添加些许内容，而是按其优先次序加以记述。不管怎样，如果没有使用价值，产品制作得再完美，也是没有意义的。

标准作业表的重要性

零部件的标准作业表固然重要，但作业编程部门的标准作业表更加重要。因为要在生产实践中使用，所以对人员来讲是必须制作的东西。总之，简单、易懂就是宗旨。

注意！

一家负责组装的大型企业，在开发新产品的时候发生过这样的事情。当今，新产品的开发关系到企业的兴衰存亡，但是，这家企业负责第一线监督的人员却没有意识到这一点。等到他终于意识到的时候，竟然是坐在办公桌前，有人问他：

“怎么了？新产品不是已经在运作了吗？”

“不是……实际上，因为标准作业表还没有制作出来……”

商场如战场，行军打仗，在前线指挥的下级军官难道一定要把大炮的轰击方法写成文章吗？过分重视标准作业表，而把生产现场等闲视之。在你的身边是不是也有这样的事情发生呢？

注

在研讨会上商讨标准作业的问题时，一定会有人问：

“好不容易制作出来的标准作业表，把它公示在生产车间会更好吧？”

与会者全都极为赞同地看着这个发言人，同时连连点头称是。

“那么，我提一个问题。制作出来的标准作业表怎样公示呢？假设，这一侧是工作人员，另一侧是过道，标准作业表是面向工作人员呢还是面向过道呢？”

根据以往的经验，大约八成的人会回答工作人员，剩下的两成的人会选择过道。那么正确答案是什么呢？

正确答案是过道。

这个问题要从如何使用标准作业表的角度来考虑。

标准作业表的基本使用方法是，监督人员观察工作人员的工作，检查其是否在按照标准作业表正确地工作。

这样，标准作业表理所当然地要面向过道公示，便于对照检查。假如标准作业表面向工作人员的话，那就变成工作人员边工作边看标准作业表，过道里贴着报纸，供司机阅览的情景了。如果不花费一番气力去搜集信息，那么生产车间的人都无法领会其意。

注

公示的目的是什么?

在生产车间，通常都设有改善活动的看板，但令人感到不满的事情有很多。最为常见的是看板上自始至终公示的都是过去的改善事例或者某某业绩。让人禁不住想要讽刺："这难道是为得到褒奖而设置的吗?"

重要的不是过去的实绩，而是目前专心从事的工作。

大家想要了解的是"通过大家的齐心协力是否给企业带来盈利"。

根据实际情况，正确认知新产品的销售状况、同行业的市场占有率变动情况、汇率浮动和原材料的价格等环境的变化，这一点也很重要。

公示本身不是目的，看板的存在是为了进一步激活职工的盈利行为。

第 5 章

生产管理的新方向

事业水平方面的生产管理

工厂水平方面的生产管理

现场对现场

与生产管理机制不相匹配的计算机

计算机化之前的业务改革

未来的生产管理信息系统

什么是协作工序

如何使 CE 成功地发展下去

什么是供应连锁经营

……

60 事业水平方面的生产管理

进攻型生产管理，扩大业务范围，渐及研究事业战略的领域，这几方面却要求提高水平。

时代的变化更加加剧了，在这样的环境之下，若只是一支仅将布置下来的任务完成的工作班子的话，是无法实现其所要求的机能的。

正确预见环境的变化给事业带来的影响，同时，考虑能克服其消极影响的新结构，并向经营者提议是很重要的。现将在研究事业战略之际应该考虑到的、作为环境变化的最主要的 4 点列举如下：

1. 从大的世界范围考虑

不论是怎样的行业，现在都不可能无视世界的动向。在日本国内受到好评的物品会以惊人的速度在世界范围内推广开来。而在国外流行起来的服务模式也许正是日本国内众多服务的一种类型罢了。

2. 致力于技术进步

技术进步是左右市场动向的重要条件。比如，由于电子化，随着商品本身的变化，生产方法和价格水平也戏剧性地发生了变化。工厂技术不仅提高了市场扩展的速度，也带来了分工化水平和原材料筹集方式的变化。

3. 强调效率

不论是多么完善的组织结构，如果速度提不上去的话也是不行的。当今企业所具备的结构并不能完全适应所要求的速度。负责进行预算管理和目标管理的组织也不能充分发挥其作用。正因为如此，工作班子应该提议设立与时代相适应的结构。

4. 从广泛的链接方面考虑

人们以前一直以为，生产管理是将工厂作为主要的领域直接面对生产现场的工作阵容。而如今的生产管理，必须能与变化的市场和环境相适应。要达到这个要求，必须扩大其对象领域，因为这是从原材料到市场的供应锁链，需要研究如何赶超同行业。

> 为了解决包含这些课题的复杂问题，重点要体系化和重点化。
>
> **体系化**：面向盈利而进行的业务和活动开展。
>
> **重点化**：从各类课题中寻求最有效的课题，从其着手处解决。
>
> 同时，还要计划考虑构建商业模式。
>
> **商业模式**：着眼于盈利的成功典型。

61 工厂水平方面的生产管理

在事业战略构建工厂战略的基础上定义工厂应该实现的机能，这就是生产管理的作用。

在此，将老式生产管理和将要运用的生产管理进行比较，将有关工厂水平方面的生产管理现状进行说明。

老式生产管理——作为系列的线性业务来逐步完成工作

· 按照事业计划完成任务。

· 将已制订的销售计划向生产计划转变。

· 根据生产计划进行原材料筹措。

· 提高过去延长线上的生产力（品质、成品、交货期限）。

· 营业部门和开发部门采取被动的态度沟通。

· 在将现状业务自动化的方向上构建信息系统。

未来的生产管理——面向决策层，工作班子的业务完成模式

· 将胜出的商业模式作为构建的要点来运转。

· 将生产力作为应对市场的重要工具灵活运用。

· 用自己的洞察力来观察市场动向，有自己的意见。
· 从市场动向和生产力的关系着手提议商品计划。
· 要成为面向实现商业模式的资源管理的中心部分。
· 将供应链作为对象构建信息系统。

老式生产管理部门，忙于那种流水线型的业务从生产现场支援的角度来完成工作。在不断发展的经济方面，生产性能的提高以及生产时间的缩短都能实现的话，那么它们的实现将与企业的业绩息息相关。因此，在强化生产现场这种情况下，可以起来支持这类的附属作用。

现在只有生产力提高是无法在市场竞争中取胜的，事业计划本身必须与时代相适应。通常，事业计划策定之类的企划机能是作为公司的中心进行运作的，然而，研讨终止后却无法顺利运作。因此，生产部门方面的实力和物质要充分理解，并且同时要具备这样的职能：能将其灵活运用于制度事业计划策定中。

实际上，将生产计划和原材料筹措作为实现事业计划的重要课题的情况非常多。工厂的重点是从生产现场到生产管理的移动。

更进一步说，掌握事业战略想法的生产管理部门是对生产现场的要求进行变化。具体而言，它们是与生产现场相对，以提高生产和缩短生产时间为中心的盈利活动。另一方面，有关那些未来发展潜力不大的领域活动针对其有效性正在产生着质疑。

62 现场对现场

就像传话游戏一样的生产管理体制，与改革时代是格格不入的。这种将现场与现场相连的组织应是未来的生产管理部门值得注意的。

变革生产管理业务的要点之一是常规的业务移交。作为移管方是与生产现场的领导、开发部门的领导相适应的。在第一线的生产现场完成实际工作的中心人物，积累了大量经验，已具备了迅速而正确地处理异常情况和应对客户等调整工作的能力。

注

处理异常的正确方法

A 公司是制造电子零件的企业，它最重要的顾客是业界排行第一的美国 B 公司。某天早晨，从 B 公司打来紧急电话，是找 A 公司北关东工厂制造部门领导的，告诉该领导明天的生产可能急缺 A 公司的零件，此时应该怎么办呢？

（续）

A 公司的领导马上确认了一下当天的生产计划，决定将当天的生产进行变更。当然，这个变更的决定本身可以让人接受，如果采取措施后 B 公司仍然缺货，A 公司也可计算出所造成的影响大小，尽快作出相应调整。当天傍晚的时候，B 公司的产品已用完。

A 公司领导很快将赶制出的零件放入手提箱，搭上新干线，随后继续坐电车赶上从成田机场到美国的飞机，刚下飞机又坐的士疾驰往 B 公司的工厂，这样一来，B 公司非但没有缺货，并且顺利完成生产。

以往做法会是怎么样的呢？

B 公司缺货的消息会传入 A 公司在美国的营业管理者。再从美国传入东京总公司。然后在总公司从营业部门传入业务部门，接着再从业务部门传到生产管理部门。从生产管理部门再传到北关东工厂的生产计划部门。生产计划负责人再从已设定的生产计划中，将距离交货期限还有余裕的产品选出。接下来，B 公司将生产所必需的零件材料交给原材料负责人确认。

接下来再和生产现场联络。

按照这样的生产管理体制进行下去的话，即使是很紧急的事情，也需要用令人难以置信的长时间来完成。有人谈及制造业的时候就说其有如此的繁杂，也有人呼吁社会急需建立不会出现中途货物短缺的管理体制。

这里重要的是得有商业头脑，能够考虑到自由应对异常情况。但是遗憾的是，这里的主要角色并非生产管理成员，而是制造部门的领导，这个领导需要在日常的生产活动中，辨别出正确的商业方向。

63　与生产管理机制不相匹配的计算机

如今是信息化时代，但是生产管理的信息系统化难以顺利进行的情况却很多，这是为什么呢？

若仅仅是将现状本身原样照搬到计算机上的生产管理系统化，那肯定是百分之百会失败的。

首先，想要大家明白的是，计算机最擅长的功能是静态数据处理，因此像管理财务的计算之类的固有信息如果以传统方法处理的话是非常有效的。

然而，生产管理方面要处理的信息几乎都是变动性的数据，必须面对时时刻刻会变化的数据，结果经常会花费大量的人力和时间。与此同时，数据的信赖程度也大幅度降低，而且，计算机输出的信息基本不被使用。

现状认同的体制几乎大部分都陷入这样的状态，因此，将现在的工作原样照搬的体制化是不可行的。

那么，在考虑构建生产管理信息系统的时候，该怎么样做比较好呢？

这个问题放在下一项之后再考虑。

为什么生产信息系统化进展不顺利

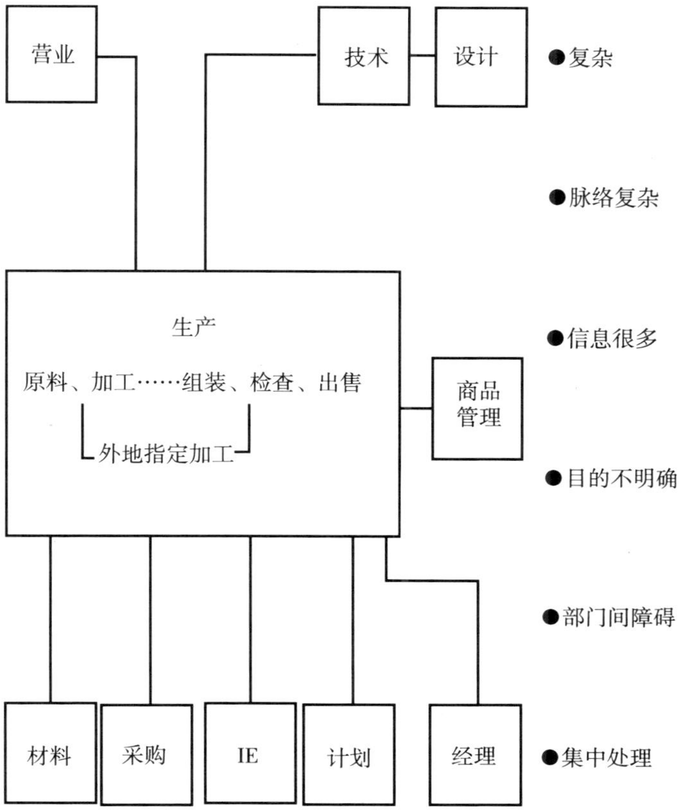

64 计算机化之前的业务改革

信息系统化的关键，一针见血地说就是简单化。

信息系统化不能顺利进行的理由

如今很多企业为了改善生产管理业务而考虑活用信息系统，然而，“因为要准备大量的预算……”之类的，很糟糕。在错误的方向构建很出色的信息系统，不仅不能使业务顺利完成，而且还会成为下一代业务改善之际的障碍。

若仅仅是致力于将信息系统部门作为中心的话，基本上都是无法顺利进行的。计算机只不过是工具而已，生产管理业务改善的主角是生产管理部门，进一步说是完成实际工作的现场负责人。这样的人如果不居于信息系统化的中心地位的话，几乎可以说是不指望成功了。

为了信息系统化顺利进行

将实际的业务进行改善并简单化，这样一来信息系统化的同时也就将对象简单化了，这样就可以顺利进行。因为要根据信息系统化对复杂的业务进行改善，所以也无法顺利进行。

例如，并非要管理生产工程的信息，因工程改善取消工程管理自身，有关品质信息，也不限于不良的百分比而是接近于零，抛弃管理本身，不需要进行生产计划。这种观点才是最重要的。

另外，有关组织也是同样的，不应该照着现在的业务分工进行信息系统化，这本身就表明其中存在问题，这一点是值得注意的。

生产管理信息系统化的 4 个基本要点

(1) 简洁就是最好的。首先改善业务本身，将信息系统化的对象简单化。

(2) 减少无用信息量。仅采集真正必要的信息，信息越少越精才有可能准确判断。

(3) 采纳最新的信息而不要用加工过的。判断业务不要夹在途中进行。

要将那些未经过加工的信息迅速、准确地传达到信息需求部门。

(4) 明确目的。考虑到成果是按计划时间来定的，要找到哪些是真正要做的，这一点很重要。

65 未来的生产管理信息系统

接下来将信息系统化未来的姿态与现状进行比较。

【现状】

将工厂内的生产管理作为主要对象。

将日常的生产作为对象。

【生产计划】

根据销售部门制订的出售计划制成。将作为制约条件的生产能力和整合法作为基础，以月为单位确定下来的情况较多，要求对生产计划变更作出应对。

【生产统制】

对于那些生产进度跟不上的情况要分工作程序来把握，这样一来可以根据具体情况来判断生产计划可以按预定完成。

【原材料采购】

根据生产计划进行原材料的订购等，不要有大量库存，但也不要发生材料紧缺。

未来

> **未来的生产管理信息系统是涉及生产、销售和开发，将生产信息作为对象，尤其是将新产品展开的时段作为重点对象。**

生产计划、生产统制、原材料采购

工厂内“5S”“人工监察管理”“生产的流水线化”“生产的平均化”进一步发展，工厂内生产管理据“三现主义”而实行的原因，信息基本都没必要了，根据每周决定的计划进行生产，生产有变动的话就采取战略库存等对应策略。

【生产，销售统一】

成为生产现场与销售时间信息直接联系的组织，最理想的情况是客人和生产现场之间完全不介入其他组织，作为辅助，可以构建“特别销售信息系统”。

【生产，开发统一】

成为这样一种组织形式：以生产和开发联合的方式对新产品适时投入市场进行支持。

注

构筑生产管理信息系统的3原则

（1）无论谁都能够处理、使用和便利。先决条件是不必具备计算机知识就能经营处理。只需最少的操作，并考虑到出现操作失误时的对策。

（2）适时地采集必要的信息。具备必要水平的适时性。过粗、过细都不允许（例如，销售情况就需要与上市频率相对应的水平）。

（3）能够应对变化。重点是应对新产品投入及条件变化（应对每日生产变动中的生产方式或库存等）。

今后的生产管理信息系统

旧式系统	新式系统
●肯定现在的生产方式	●革新生产车间的生产系统
●生产车间脏	●生产车间清洁
●只有担当者明白的状态	●谁都明白的状态
●根据工序功机能分配工作	●工序不间断的流水线生产
●需要放置工序中断产生的库存的场地	●尽量做到半成品零库存
●订购与生产计划相符的材料	●以“现物主义”为导向订购材料
●生产计划的偏差大	●生产计划均衡化
●库存多	●库存少
●生产准备时间长	●生产准备时间短
●生产计划依赖营业	●生产计划在生产车间制作
●重点在工序管理、库存管理	●重点在销售和开发的协作
●计算机的主要功能是计算	●计算机的主要功能是传达信息
●从日常业务的机械化发展起来	●活用业务革新这一工具
●生产部门封闭式的系统	●以生产部门为核心的开放式系统

66 什么是协作工序

有些工作需要与设计开发同步进行，这时，协作工序就会起很大的作用。协作工序是20世纪80年代中期在美国登场的，它作为开发与生产并联式作业式的构造而受到注目。如P_{230}图所示，在协作工序里，各部门的工作几乎都是同时进行的。

要点

由串联到并联

串联式作业是指设计完成后再开始进行生产。协作工序与之稍有不同，并联式作业是其独到之处。目标是大大缩短产品开发的准备时间。

以往，降低成本、改善品质主要依赖生产一线。与之相反，协作工序是设计、技术、制造同时着手，在产品开发的早期就解决成本和品质的问题，并缩短产前准备时间。

企业间的竞争，关键取决于是否能在最佳时机把新产品投入市场。今后，不采用协作工序理念的企业将无法在产品开发速度竞争日益激烈的市场上立足。

对协作工序的印象

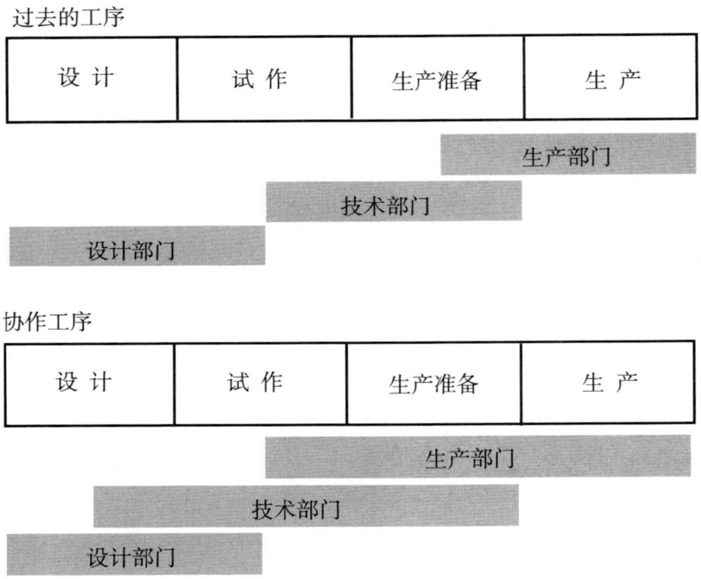

67 如何使 CE 成功地发展下去

要正确理解协作工序所带来的效果。

以“缩短从订货到交货的时间（lead-time）”为目标

在变化剧烈的时代，企业必须适时地把能够吸引眼球的产品推向市场。这就要求企业能在极短的期间内进行产品开发，实现这一点的关键，就是各项业务的并联进行。

改善业务并不是要逐个进行，而是着眼于业务协作的改善。各部门协作效率低多会导致业务重复进行。

使各部门成功协作的要点是，从接近客户的工序开始，由下而上地制订计划。具体而言，即由生产到技术，由技术到开发筹划工作。生产部门要意识到批量生产，与技术部门协作，技术部门要有实现生产计划的意识，同开发部门协作。不要被动地完成业务，而要采取积极的由下层工序到上层筹划的姿态。

通过 CE 实现顺利发展

有魅力的商品能够在极短的时间内孕育出具有爆发力的销售机会。为了应对这一点，就必须在顺利发展的同时竭尽全力地实现生产。顺利发展是开发新产品必不可少的项目。

生产管理部门在成功实现顺利发展上扮演着重要的角色。首先，必须推行生产、技术、检查、保全、物流等生产部门各项部署的全面进展。然后，在保持 QCD 平衡的基础上，使问题表面化，并迅速进行处理。上述的各项都要通过企划生产准备确认会议等，有步骤、分阶段地实现。

因为在开发新产品时，反复出现同一问题的情况很多，所以，从产品开发的早期开始就要注意总结顺利发展的不适，并向开发设计部门反馈，这一点很重要。员工要充分利用设计评论等机会，积极提出有益的建议。

通过 CE 实现“诞生时期的成本降低”

过去，以生产一线为中心的生产性能提高项目最为企业重视。但是，进入生产阶段后才实行的“发育时期的成本降低”有着很大的局限性。因为产品的寿命会变短，所以在“诞生时期的成本降低”就显得尤其重要。设计阶段之前是开发阶段，开发阶段之前是企划阶段。成本降低的时期或阶段进行得越早，效果越明显。如果没有正确地分析市场行情，不推行可行的商品企划，就无法生产出低成本、有竞争力的产品。

这就要求生产管理部门以生产为中心的业务领域，应由以生产为中心发展到以市场调查和商品企划为中心。

68　什么是供应连锁经营

由点到线的改革。事业革新如果意识不到从素材到市场这一环环相扣的连锁，那就不会成功。

从原材料产地到负责组装的企业，然后通过物流、零售，最终到达消费者。这种把从上层到下层的最大范围作为对象，以全体最优为目标的手法，就是供应连锁经营。

从批量生产到引入市场

大量地生产同一产品而销售的时代已经结束了，但也不能断言大量生产的姿态就完全改变了。许多企业还在响应只要生产出好的商品就一定能畅销的呼声，以 QCD 为中心评价的一贯姿态也是如此。并不能说按时生产的实现已经超越了企业内部功率化的领域。

在所谓“供大于求的时代”或者“价值观变化的时代”，

要以正确把握市场需求为重点来执行业务，与市场需求相协调，才能获取更大的销售额。实现这种引入市场的思想，就要重视 SCM。

从部分最优到全体最优

现在，各个企业实行管理体制都是以分工为基础，预算管理、目标管理、部级单位、科级单位，都分别寻求各自的最优化。在全球化和技术进步带来的激烈变化的当今，方针本身应与环境相符合，才能开展正确的管理。

如果流通程序中断，对销路的变化不能及时地作出处理，即使生产效率再高，也无法提高销售量。要做到企业无界线，把与商品有关的所有企业作为对象，致力于提高其效率，才能实现真正的盈利。

SCM 不分部与科的区别，甚至超越了企业之间的界线，它不是要实现个别最优，而是要实现企业全体的最优化，创造出一种让商品做主的经济模式。

以 SCM 来改变视线吧！

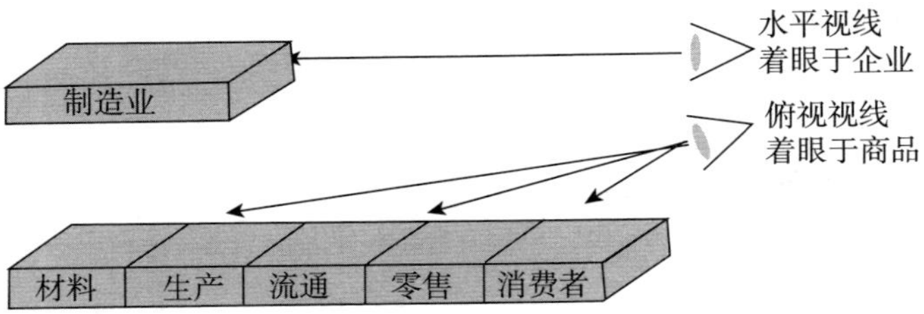

SCM在日本型生产体制的延长线上

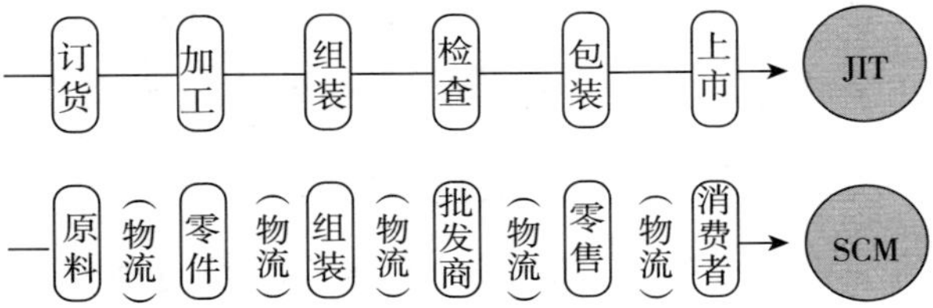

69 怎样使 SCM 成功推行

必须将供应链式辅助经营（SCM）定位在从根本上重新认识现状中业务执行的一种手法。

将 SCM 的观点仅仅定位于一种改善手法是不正确的。SCM 不仅是消费者所追求的，而且还是今后事业开发中不可避免的观念。

用 SCM 减少业务合作中的资源浪费

人们普遍认为改善相互之间的联系是很重要的。对于消费者来说部门间合作联系中的资源浪费是增加了成本。在速度加快、制作寿命周期缩短的时代，合作中的资源浪费已成为一种致命伤。因此，要开展利用这种超越企业的最大链条来考虑的活动。但是，虽说是引入 SCM，很多情况下却使企业内部的合作联系不够充分。结果多数停留在改善担任联系工作的窗口操作人员的业务层面上。

构筑以 SCM 制胜的商业模型

推进事业革新活动时，有必须实施的阶段：描绘对象商品的供应链。然后从链条的全体构筑成功过程。如果自己公司所属的链条成为业界整体失败的一环时，无论再怎样努力也没有成功的希望。这时必须探讨改变链条本身，即向制胜商业模型转换。从链条整体抽出限制其发展的部分也是一种有效的方法。比如说，当特定的资材筹措成为瓶颈时，必须将事业探讨的重心放于此处进行战略方面的研究。

注

为什么 SCM 不能顺利执行

我们经常看到这样的现象：总经理宣布引入 SCM，但是却不能顺利执行。那么阻碍其顺利执行的原因是什么？

很多情况是事业部长所导致的。在用和以往相同的评价制度来执行业务的过程中试图引入 SCM，就会发生上述现象。重视连续性、用个别最适制度来评价的事业部长反对总论、赞成核论。也有销售公司的总经理阻碍其执行的情况。在作为销售公司的经营方面被委以重任的总经理希望出色地完成销售公司单独的各类财务报表。特别是一旦重视谋求利益，有时就会实施利用库存等和 SCM 完全相反的措施。如果要实现 SCM，就必须了解：重新认识对事业部和销售公司的评价制度等彻底的结构改革是必要的。

70　什么叫资源管理

为了实现盈利，就必须迅速地解决重点课题。而解决这一课题，重要的是集中资源。

这里所说的资源是指人力资源。现在分工化的组织成为一大问题，资源管理便成为提高业绩的决定性因素。

从“选择和集中”中得到发展

向市场占优越性的企业集中，撤出缺乏竞争力的企业。“选择和集中”这一词语源于这种意思，并在很多的先进企业中作为经营战略得以实施。而且最近，已变成这样一种情况，即从虽然具有市场优越性，但是没有发展力的企业中撤出。在这里，资源能使资金和人才集中的因素变得更加重要了。现在的时代是竞争日益激烈、事业发展速度加快的时代。作为相应的对策，资源管理已经逐渐常识化。经营水平的战略也可以应用于实际业务的运用。描绘以盈利为目标的成功过程，并实行这一战略。这时，如果有阻碍过程发展的因素产生时，可将资源集中起来应付这一状况。这种情况下的资源就变成了人力资源，并且有必要超越组织范围解决问题。

人事战略和事业战略是同等的

曾经，人事方面最重要的工作是数额管理。普遍认为确保必要的工数是很重要的。但是最近的人事政策有了变化。在满足定量的工数以外，各自所拥有的能力本身才是重要的。这就要求我们在面对成功过程这一目标时，要明确必要的机能，并采用与此相适应的人才。现在认为，只有优秀的人才，才是实现事业战略的最重要因素。

职员作用的重新定义

关于组织也有必要重新认识。因为被分工过度的组织本身，已经不能充分发挥其作用。组织间的摩擦、联系方面的工作也成为问题。为了从根本上消除合作强化和业务调整，有必要探讨为实现整体最佳化的组织编程问题。

生产部门也不应追求长久以来作为其中心的合作强化和业务调整，而必须谋求更加远大的目标来实现盈利。为此，必须将日常工作简单化、标准化，实现向制作现场等的移交。并且更加充分地发挥对事业战略的密切作用。

71 全面功能性团队

现在的组织已逐渐成为执行实际业务的基础，要在维持这样的组织以及业务发展的同时，以盈利为目标而展开时间活动的机构称之为 CFT，如今 CFT 越来越受到瞩目。

全面功能性团队（CFT）之所以有名，是因为它是使日系汽车 V 字恢复的决定性因素。作为不需要通过巨大的人事变动等方式就能实现资源管理的有效方法，在这里笔者将加以说明。

日本式经营的弊端

卡尔洛斯·高恩在就任日系汽车社长时，所感受到的就是日本企业的特殊性。不同的社员虽然有着即使在世界上也难以找到与之相同的优秀能力，但是为什么不能很好地发挥他们的能力？虽然能够熟练地操作所给予的业务，但是仍然没有习惯于自觉思考并推行业务这一方式。即使负债累累看不到希望，仍然没有多少危机感，缺乏追求收益的心理。如果连职员都缺乏远见的话，本位主义的弊端显而易见。总之，他深感到问题在于缺乏商业意识。

这样的现象几乎成为日本企业共有的弊端。也可以说是，长期以来，在右翼经济的指导下，持续其成功经验的弊端。

为什么 CFT 是必要的

在环境复杂的现今，顾客的需求也不是单一的。为了满足顾客要求，依据不同的功能而分工的单一组织越来越行不通了。为了满足单一功能和单一部门无法满足的全面功能性问题，必须超越范围，将必要的人才组织集中起来。集中那些希望改变现状的人才，在有限的时间内组成一个团队共同探讨问题，这一想法是作为迅速并且适当的回应所必需的。

CFT 成功要点

否定现状、考虑新的对策是 CFT 的功能。在日系汽车行业，这一尝试获得成功的要素有 2 条。第一，参与计划的人员不需要向自己的公司提交报告。部门上司在无意识中总是会维护一直以来的业务。第二，只要求提出方案。因为如果向团队人员委任实行计划的话，必须要考虑到解决问题的难易程度。而且提案是根据工会的意思决定的。实际上是由高层自己决定的。经营者高层的最大课题就是决定提交的提案。

72 如何推行正确的经济判断

为了能够正确实施今后的生产管理业务，必须具备自我判断能力和与提案相关的经济性判断知识。

有很多企业经常实行错误的经济判断，甚至也有这种情况：照搬原有管理部门、会计部门使用的方式。这里将就正确快速地推行经济性判断的方法进行解释。

比较的原则

做决定前经济性分析的基础就是比较原则。在实行中要遵循以下两个步骤：

(1) 明确比较对象。明确什么和什么比较。决定是比较现状和改善提议、现状和设备引进时间，还是比较现状和降低销售价格。

(2) 只有不同的项目才能定量化并且对其作出比较。只有吸入资金的变动以及支出资金的变动才能估计其趋势并且定量化。在这种情况下就不能使用财务会计所用的数值。要尽可能地估计资金的实际变动。这既是损失收益的计算，也可称之为现金流通量的探讨。

供应不足的状态以及供过于求的状态

一方面，当产品需求大于供应数量时，被称为供应不足。而有订单却无法生产的状态，则被称为生产能力不足。针对作为导致生产能力不足的原因的瓶颈，要采取迅速的对策。将随着机会的丧失而导致的利润损失定量化是一种有效的方法。因为依据利润损失的大小，紧急程度和重要程度也会随之变化。像紧急时刻时工作量不足的情况等，有效的方法不是谋求根据改善活动解除能力不足的问题，而是迅速投入人员。

另一方面，当产品需求小，供应能力过度时，被称为供过于求的状态。这种情况下，根据损失得益计算的经济性判断就很重要。很多情况下，以扩大销售为目标的价格设定成为要点。这里，除去在标准成本计算方面所包含的固定费部分后进行的探讨是很重要的。即研究除去设备费和劳务费等和生产数量不成比例的费用后的价格设定。

埋没费用的观点

已经投资的费用中，在比较原则方面和优劣判断无关的费用，被称为埋没费用。设备费用和间接人工数等相当于埋没费用。很多从劳动集约型生产向设备型生产转化的直接人工数也变成埋没费用。在判断是否埋没费用的时候，灵活运用比较的原则，才有可能得到正确的实施。

73　设备投资的观点

为适应飞速发展的时代，请正确理解设备投资的方法。

关于设备投资的大误区

市场的反映好就应当增加生产量，设备投资也必须列入视野范围内。

那么现在轮到技术部门。经营环境越来越严峻，要将这一状况考虑在内并进行慎重的探讨。现在马上开始以设备投资为方向的活动。首先从试探多家厂商、估计价格入手。在满足期待中的功能的条件下，开始探讨怎样将费用降到最低。

这是长久以来普遍使用的对策，但是它已经不适应现在的时代了。

研究市场的动向、实行迅速而且大胆的设备投资、确立市场优越性的商业模型，已成为以先进技术竞争的产品的中心所在。

设备投资的正确顺序

用决定投资判断的顺序进行，将折旧考虑在内的设备投资是错误的方法。以研究设备能力不足、追加设备投资为例，解释一下以正确的顺序探讨设备投资的方法。

（1）研究是否真的有必要进行设备投资。用整年整日的最大限度体制对付瓶颈工程。当人工数不足成为瓶颈时，紧急投入人员。因为在一般情况下，投入人员是最低廉最迅速的对策。

（2）研究简单提高能力的对策。研究从外部订货以完成部分工作来提高能力等有即效性的对策，并且付诸实践。

（3）明确设备投资的必要性。根据比较原则，在设备能力不足的情况下，将由机会丧失而导致的利润损失定量化。在这里，用一个产品的极限利润进行计算。（极限利润＝销售价格–波动带来的损失）

（4）计算出设备投资金额，研究其妥当性。设备投资金额被认为是负债。用增加的极限利润额来研究偿还计划。要点是返还期间，虽然它会根据业界和产品而变化，以现在来说，返还时间大体的标准是两年以内。超过两年的设备投资就很危险。

(5) 谋求迅速的设备投入。因为胜负的关键是短期内的返还，尽量加速设备运转是很重要的。有时甚至有必要选择利用高额资金来加速设备运转。

74 生产管理的组织是否消失了

生产管理功能非常重要，但是今后要面对生产管理组织逐渐消失的趋势。

关于本书之前从各个角度解说的生产管理功能，概括如下：

将生产管理的保护功能日常化，并向制造部门移交强化生产管理的进攻型功能，向销售和开发，甚至市场分析和商品企划发展。

为了强化这种综合能力，要求生产管理发挥长久以来被公认为其他工作岗位和部门不能发挥的作用。

但是和生产管理功能相关的实际组织仍然是分工组织。诚然，如果是单纯的保守型生产管理的话，就会变成这样。

其结果——

注意!

由生产管理的保护功能引起的现象

增加传达信息的组织，但其权限却不明确。因此，即使发生问题，责任也不明确。导致实际的业务经营停滞不前，相关责任者也想放弃。

如果转变成进攻型生产管理的话，长久以来的生产管理组织，比起简单化，更应该以追求逐渐性消失为最终目标。

生产—销售组织的改革

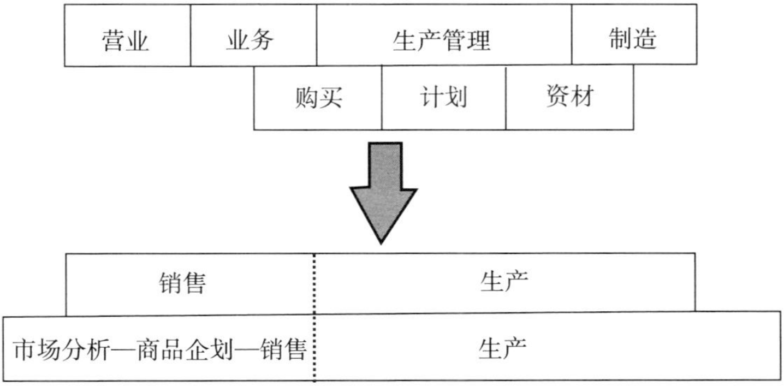

第 6 章

生产管理业务革新的推进方法

生产管理业务革新的 7 个阶段
给生产管理经营者的 10 条赠语

75 生产管理业务革新的 7 个阶段

生产管理业务的革新并非一朝一夕的事，但如果按照基本步骤一步一步地推进，便会找到实现革新的捷径。

生产管理业务的革新，必须按照 P_{258} 图所示的几个阶段推进。

其中最基本的一点是要有“以生产现场为出发点”的态度。这是因为如果生产现场发生改变，即所谓的生产系统，没有它的革新，那么生产管理业务的革新也就无从谈起。

按照日本式生产机构的推进模式，进一步加强与各个部门间的合作。采取攻势，并积极地深入到销售及开发部门，从而实现与生产部门的协作。

并且，要积极地扩展合作的对象及范围。在最大范围内实现与他们关系的最大改善。

此外，对经营自身提出改善方案。捕捉市场的变化，并在此基础上构建起有市场潜力的商业模式，促进其发展。

总之，无论时代如何变化，坚持从“生产管理无所不能”这一立场出发，不懈挑战，这一点正逐渐成为革新生产管理业务的一个新阶段。

生产管理业务革新的 7 个阶段

第1阶段
以顾客的满意和对顾客的尊重为中心的意识改革

第2阶段
通过5S和可视化管理来配备条件

第3阶段
进行以生产的分类化及水平化为基础的生产系统改革

第4阶段
加强生产与销售的统一的市场化机能

第5阶段
实施生产与开发相统一的工程

第6阶段
超越企业界限，实现集团化生产

第7阶段
通过市场分析，商品企划，构筑商业模式

要点

5S 是什么

所谓 5S 是指：整理，整顿，清扫，清洁，监督等 5 个词语各自的首个日文字母发音。特别是对于生产业务管理来说，整理和整顿是非常行之有效的手段。

· 若整理、整顿环节顺畅，生产进度便一目了然。

· 若整理、整顿环节顺畅，材料供应的进度便容易掌控。

· 若整理、整顿环节顺畅，材料订购便能以现货订购为主，使得整个过程精确化、简单化。

所谓整理，就是摒除不必要的东西，为把混浊不堪的环境转变为井井有条的环境创造出条件。总之，一些制造闲置空间的工作是必要的。

就其结果来说，一旦整理环节顺畅的话，仓库的积压便会削减。盘点业务也会变得轻松，生产情报系统的数据量也有可能减少。

下一项是整顿。整顿也可称之为生产管理。它的推进方法如下所示。

〔成品，半成品，材料的整顿〕

第 1 步：分类放置

· 勿将性质不同的东西放在一起

· 由随意放置到指定放置

· 贴标签

第 2 步：设置告示牌

· 撤掉闲置架子，节省空间

· 按成品→半成品→材料这一顺序实施

· 标出每天的需求量

第 3 步：标明合适量

· 现货订购方式→告示牌标记方式

整顿的完成，可以减轻一些生产管理的业务。例如：材料的整顿，使得材料供应业务有可能向材料原产地推进。半成品的整顿，能使以现场现物为主的工程间调整成为可能，从而摒弃工程管理这一业务。对成品的整顿，可以推动库存活用这一生产计划的展开。

要点

什么是透明管理

透明管理是把看起来很复杂的生产现场简单化的关键。创造简单化的生产现场，是生产管理业务革新的根本。

给透明管理下个定义的话，就是“让谁都一目了然”。并且，把这一管理应用到实际，使得我们在瞬间便可以看出正常与异常的不同。而这些都是和改善相联系，从而使得改善这一环节变得不再那么特别。

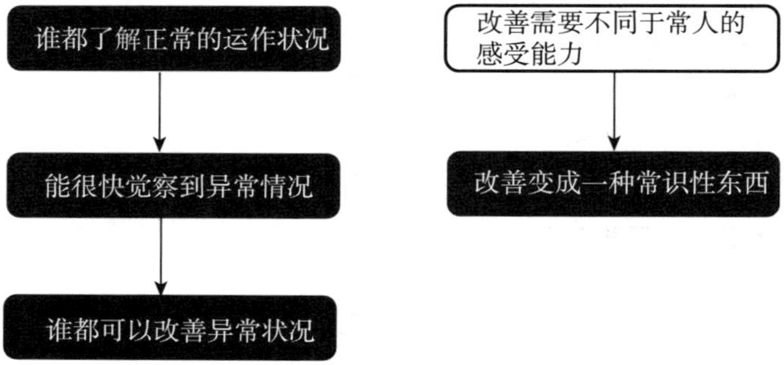

小　结

今后生产管理的形态

· 从部门对立转向部门协调、部门合作。

· 支持经营判断机能。

· 简单化组织。

· 以生产现场为出发点。

· 发挥功效的生产信息系统。

· 生产管理机能更加重要化。但摒弃作业独立组织的生产管理部门。

· 研发和生产部门间的界限模糊化，实现纵向交流。

· 事业部门及企划部门的合作，成为构筑有市场潜力的商业模式关键。

76　给生产管理经营者的 10 条赠语

生产管理业务革新并不是纸上谈兵而要付诸实践。在这里列举了面向实践的 10 条基本思维模式。

以维持现状为前提的小改动不能成就业务革新。而必须先描绘出理想的管理状态，再以此为目标来改变现状。

这种推进类型为进攻型活动。

这要求你不是对着桌子天马行空，而是要去生产现场。因为在生产现场，有许多可以立即着手解决的问题，应当把它们都当作自己的问题来解决。

那么，开始吧！你是主角！

进攻活动的 10 大要点

❶不要一味防守，要积极进攻！
❷去生产现场！
❸能做的事，现在就做！
❹关注：工作的走向！
❺改变：工作的范围！
❻决断，决断，要当机立断！
❼开发人气商品！
❽对经营提出良策！
❾不管怎样，简单化！
❿你是主角！

东方出版社助力中国制造业升级

定价：28.00 元

定价：32.00 元

定价：32.00 元

定价：32.00 元

定价：32.00 元

定价：32.00 元

定价：30.00 元

定价：30.00 元

定价：32.00 元

定价：28.00 元

定价：28.00 元

定价：36.00 元

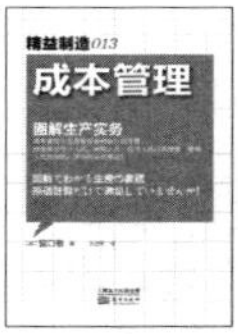

定价：30.00 元

定价：32.00 元

定价：32.00 元

定价：32.00 元

定价：38.00 元

定价：26.00 元

定价：36.00 元

定价：22.00 元

定价：32.00 元

定价：36.00 元

定价：36.00 元

定价：36.00 元

定价：38.00 元

定价：28.00 元

定价：38.00 元

定价：36.00 元

更多本系列精品图书，敬请期待！